後藤新平

後藤新平研究会編
新保祐司　解説

政治の倫理化

藤原書店

熱弁を揮う後藤新平

群馬県前橋市における講演の様子

能舞台上の後藤新平

関西学院大学の学生に語り掛ける後藤新平

萬餘の聽衆に對し
後藤子熱辯を揮ふ
關西學院大校庭に催された
神戸普選準備演説會

関西学院大学における講演会の新聞報道

政治の倫理化運動における集合写真

二荒芳徳

阪谷芳郎

（二荒芳徳氏・阪谷芳郎氏の写真以外は、奥州市立後藤新平記念館所蔵）

ここに掲載したように、「政治の倫理化運動」にかかる写真は複数枚残されているが、日時、場所等が不明なものが多い。また、写っている人物の詳細についてもほとんど不明である。今後の解明が待たれるところである。

まえがき

一九二六（大正一五）年四月二〇日。東京・青山会館は、一人の勇士の声を聴かんと訪れた四千人を超える聴衆で埋め尽くされた。その勇士こそ、後藤新平である。齢六九。

二年半前に首都東京を突然襲った関東大震災の時には、断り続けた内務大臣をこの時ばかりは進んで引き受け、帝都復興のために尽力し、今日の新東京の礎を築いた。それも束の間、四カ月後には虎ノ門事件が起こり、第二次山本権兵衛内閣は引責総辞職となり、後藤自身も辞職することになった。

一九二四年三月、東北帝大の学生たちに講演した記録『国難来』は、一昨年の二〇一九年秋、小社より出版した。その中でも、後藤は、内憂外患について語っていることは言うまでもないが、特に内憂について、国民の自治的自覚についての大切さを語っている。

関東大震災時には、メディアとしては新聞しかなかった。緊急時の場合も、その号外に頼るしかなかった。大震災の翌二四年一〇月、社団法人東京放送局（NHKの前身）が創設され、その初代総裁に後藤新平が就任した。翌二五年三月二二日仮放送開始、後藤は「無線放送（ラジオ）に対する予が抱負」を語った。本放送開始は七月になる。

翌二五年五月には、国税を納めている二五歳以上のすべての成人男子を対象とする普通選挙法が公布され、同じ頃、治安維持法も公布される。

一九二六年二月一一日、後藤は突如脳溢血に襲われる。病床に娘婿の鶴見祐輔を呼び、「これから新しい政治運動を起こし、その為には、財産も身命もすべて投げ出す覚悟である」と鶴見に告げた。

その二カ月後の四月一日、後藤新平は、「政治の倫理化」運動を宣言した。本書に収録したのは、その第一声を挙げた時の講演である。題して「普選に直面して政治の倫理化を提唱す」。

その病み上がりの躰を押して、普選準備のために、翌年二月まで全国遊説の途に上る。同行者に、澤柳政太郎、伊藤長七、永田秀次郎、鈴木正吾、鶴見祐輔、石井満、長尾半平、作田高太郎、丸山鶴吉、澤田謙などを配し、総講演回数二六〇回、総時間は三九〇時間に及び講演を続けた。「普選準備会」も作り、会員は二五万余を超えた。

本書は、その記録である。後藤新平が、約百年前になぜ自分の生命を賭けてまで、その運動をやらねばならなかったのか。古希を目前にした老翁が、無私の精神で公のために一身を捧げる行為をどうしてやらねばならなかったのか、を読み取って頂きたい。

今日の政治家たち、政治・社会・文化状況を見ていると、この無私の精神、奉仕の精神がいかにこの文明化の進んだ世で失われていったのかを想い起こさざるを得ない。

後藤新平は、よく「非常時の男」と云われる。

日清戦争後の緊急な検疫事業（児玉源太郎陸軍次官の下で、全責任は後藤事務官長に）、その後に清国から割譲された台湾の統治（第三代総督まで失敗の連続。漸く第四代児玉源太郎総督の推挙で後藤は民政長官として）、日露戦争後の満洲経営の中核としての満鉄の初代総裁として、当時世界に類を見ないシンクタンク、満鉄調査部を作る。それから、先述した首都東京直下の関東大震災に際して、復興院総裁として、復興ビジョンを逸早く作り、速やかな行動を実践してゆく。

最後が、この「政治の倫理化」運動である。最近でも、大災害がある毎に、「平成（令和）の後藤新平出でよ！」と何回も声高に叫ばれ、メディアに「後藤新平」という四文字が躍った。

昨年も元旦早々、当時最新刊の『国難来』がしばしば紹介されるとともに、「令和の後藤新平出でよ！」と唱われた。特に、新型コロナウイルスがパンデミックと化して世界に流行するや、「後藤新平」の名を聞かない日はないという程、現代の「後藤新平」が待望されるようになった。

本書は、後藤新平が生命を賭して、「政治の倫理化」運動の決意と思想の核心を、未来を担う若者たちに向けて語った遺言である。

後藤は、「政治の倫理化」運動宣言の翌二七年八月、第二回目の発作に襲われた。その数か月後、やり残した仕事として、ロシア（当時ソ連）との漁業交渉を思い起こし、訪露を決意。一二月五日訪露の途に。スターリンとも会談し、日露漁業条約調印にこぎつけて、翌年二月に帰国する。

その一年余後、晩年の後藤が最も愛した少年団の祝賀会の後、夜行で岡山へ、自身が会長を務める「日本性病予防協会」の講演に行く途上、三回目の発作に襲われ、遂に帰らぬ人になった。

この最晩年の後藤新平の一日一日の行動を、後人として今読みながら、わが国にもこういう大先達が先日まで居たことを、われわれ日本国民は忘れてはなるまい、と思う。合掌

二〇二一年三月一一日

後藤新平研究会代表
後藤新平の会事務局長
藤原良雄

後藤新平研究会
市川元夫　河﨑充代　川西崇行　楠木賢道　鈴木一策
能澤壽彦　春山明哲　　　　　　刈屋琢　中島久夫
今回は特に、楠木、河﨑、能澤、春山各氏らの協力で本書の編集作業が行われた。但し、全責任は代表にある。

政治の倫理化

目次

政治の倫理化

凡例

一　底本は、『政治の倫理化』（大日本雄弁会講談社刊行、大正一五（一九二六）年九月）とする。
一　底本の表記は引用資料も含めて、現代仮名遣い、常用漢字に改めた。現在の読者が読みやすいように、古い言い回しや表現は改めた。ただし、古い漢語表現には注で語釈を添え、原文の表現のままとした場合がある。
一　原本は総ふりがなであるが、編集部が必要と思われるふりがなのみ残した。
一　難解な引用等は、現代語化し、翻案的訳文を添えた。ただし、「勅語」等の引用については、原文のままとした部分もある。
一　解説が必要と考えられる語句には、注釈を施し、本文の小見出し末に記載した。
一　小見出しはなるたけ採用したが、原文にはない小見出しも追加した。『政治倫理化運動の一周年』には、読者の便宜を考え、原文にはない小見出しを追加した。
一　今日では適切でない表現が見られるが、時代の制約を映しているものとして原本通りとした。
一　本書に掲載した写真は、いずれも奥州市立後藤新平記念館所蔵のものである。

政治の倫理化

後藤新平

はしがき

この小冊子は、大正十五年四月二十日夜、私が、東京市青山会館においで試みた演説の速記であり、今回の「政治の倫理化」運動の第一声である。私が本運動を始めるに当たり、心中に深く決めたことは、この老軀を理想の祭壇に捧げて、広く天下に同感の士を求めんとすることにあった。すなわち、本運動の中心を、狭い私の旧友の中に求めず、まず所懐を満天下に公示して、日本の民衆の中に中心を求めんと欲したのである。
故に、この第一声を挙げるまで、私はほとんど誰にも相談せずに、自分で準備を進めた。この演説は、私の今回のキャンペーンの誕生の声である。これによって年老いた私は、日本の政界に新しい公人として、宣戦を為（な）したのである。私が行くべき道は、ただ進むのみである。今後、私は老軀のつづく限り、日本全国を遊説して、私の精神を全国民の良心に訴えんと欲する。

しかしながら、私の決意の根本と思想の核心とは、すべてこの演説中に収めてあるので、ここにこれを上梓して、天下同感の士と頒かたんと欲するのである。幸いにして後賢（こうけん）、出藍の士〔後の賢者、師より秀れた弟子〕が出て、私の志を大成していただけるならば、わが願いは達成されるのである。

大正十五（一九二六）年五月六日　於東京

後藤新平

紹介挨拶

男爵　阪谷芳郎(1)

諸君、私は今日はなはだ僭越ですが、司会者としてこの席を汚すことになりました。

後藤子爵は、私の古い友人で、しかも私のまだ若かった時代から親しくさせて頂いていています。その後、日本の二大難事、すなわち明治二

十七、八年の清国との戦争、続いて明治三十七、八年のロシアとの戦争が起こりましたが、この二大戦役は、実にわが帝国にとっては困難極まりないことでした。今日はその当時のことをご記憶のお方もお席に見えるようですが、多数のお方は、当時いかに日本が困難に陥ったかをご存知ないことと思います。そうしてこれらの戦役について、当時多くの人々は、日本は自分より幾十倍もある清国を相手とし、あるいは五十倍も大きいロシアを相手として戦端を開いたことについては、非常に不安に感じたものです。もとより、こちらから戦いを挑んだわけではなく、やむを得ず戈を取って起ったのですが、当時、国内でも多くの者が、日本は事によると、国土を割かねばならない、否、ほとんど国が亡びるかも知れないとまで覚悟したほど、困難なことでした。

その当時――それ以前からも――後藤子爵は内務省におられ、私は大蔵省におりまして、始終、いろいろご意見を承りました。そうして私は、この日清戦争にも日露戦争にも際会して、ずいぶん身に不相応な、困難な役を引き受けたのですが、後藤子爵は、一層困難な――もっとも子爵の経歴、子爵の豊富な知力にとっては何でもないことでありましたでしょうが――非常に困難な役目をお引き受けになりました。その事柄につきましては、私は始終大蔵省にいたので、子爵の極めて周到で、混み入ったご相談を受けて、財政の処理をしました。そういうわけで、実に多年の友人で、深く子爵には平生から敬服しています。もちろん政治上の意見やその他のことについて、一から十まで決して一致しているわけではありませんが、後藤子爵のきわめて活発なお働きぶりについては、常に敬意を表しています。

ご承知のとおり、しばらく子爵は政界から遠ざかっていました。しかしながら、近年わが国の政界に、どうにも面白くないことばかり[2]が続出して、まことに識者の憂慮に堪えない事情がありました。それでは、このように続出する困難をどのように処置すればよいかについて、まだ国民を満足させるような意見を聴くことができないのを、みな等しく遺憾としていました。

ところが、先日、後藤子爵におかれましては大病[3]を患われ、私の所へは、たいへんな重態かもしれないと、電話で伝えて来た人もあったくらいで、非常に心配していました。幸いにも、天はまだ子爵をこの世の中に必要として、昨今再び健康を回復されるに至ったのは、非常に私の喜びとするところです。そのご療養中に、(4)子爵はまた一層深く国事を憂えられたようで、このはなはだしく行きづまっている政界、また種々な弊害が幾重にも重なっている政界に向かって、ここで何らかの転回の道を開かなければ、国家の前途ははなはだ憂うべしと、非常に憂国の至情を起こされたということです。

そして始終心配していたことについて、一種の案を得られ、そのことをある機会に世の中に公にしたい、と考えられたのです。私たちは、そのことは新聞で多少は承知していましたが、親しく後藤子爵に接してその口から直接聞く機会を得ませんでした。新聞記事には誤報もかなりあったようです。ところが、子爵は先日来さまざまな用務で、関西地方を旅行され、非常にご多用でしたが、二日前にご帰京になり、子爵のお考えも大いに熟し、その意見を広く世に公にして、これを諸君のお耳に入れたい、という決心をされたわけであります。

それに付きまして、今晩この大集会を開かれるに至りました。私は前にも申したように、長年の関係から、子爵より司会者として今晩の会場の整理をしてくれるようにとご依頼を受けました。これは昨日のことでありまして、私もまだ子爵のご意見を精しく伺ったわけではありませんが、誠心誠意、国家を憂える子爵の平生の志について、私は大いに感動いたしまして、喜んでこのお役を引き受けるばかりでなく、この光栄に浴した幸せを悦びとしたところであります。

そもそも日本の政治家と致しましては、影に潜み奥深く隠れ、色々な手段方法をもって、他の党派を崩したり、あるいは人を誘引したり、

陰険と言うか陰謀と言うか、公衆一般がまったく了解できないような
いろいろな手段方法によって政見を公にし、またその政見を行おうと
試みることは、わが国にも例があります。今回の子爵のように、何ら人に諮らず——私はずいぶん久しくご懇意にしておりますが、私も今晩これから聴くのであります——天下の公衆すなわち国民諸君にまず訴え、そうしてその理想が幸いに是認されたならば、この理想によって、ここに国家政治の行きづまりを展開し、国運が将来隆盛となる道を大いに図ろう、とされるのです。あるいは、欧米にはこのような事例があったかも知れませんが、わが国では、憲法が布かれて以来はもちろん、三千年来初めてのことです。これは後々の政治家の大いに模範とすべきことであると考えます。

そういうわけですから、私は司会者として諸君にお願いしたいのは、どうか子爵に、そのおっしゃりたいことの全てを語り尽くさせていただきたい、ということです。無論、なかには反対のお方もあるかも知れませんが、子爵が誠心誠意ご自分の理想を諸君に問われるのですから、まずその誠意に対しても、充分静粛に謹聴して頂きたいと、切に希望する次第であります。

ここに司会者として、この席を汚すのははなはだ僭越なことですが、その理由を一応お伝え申し上げて、これより子爵のご講演を願うことにいたします〔満場に拍手〕。

(1) **阪谷芳郎**　さかたによしろう、一八六三―一九四一年。大蔵官僚、政治家。子爵、法学博士。岡山出身。漢学者、阪谷朗廬（ろうろ）の四男。渋沢栄一の次女と結婚。後藤新平との関係は、後藤の台湾統治を応援して以来のもの。その後、大蔵大臣、東京市長、貴族院議員などを歴任。

(2) **面白くないことばかり**　大正十四（一九二五）年十二月二十六日から大正十五（一九二六）年三月二十五日にかけて行われた第五一回帝国議会等の様子。首相の加藤高明が会期中に病死したため、内相の若槻礼次郎が臨時代理を経て首相となり、組閣した。間もなく会期末という三月四日の衆議院で、中野正剛（憲政会）が、田中義一政友会総裁の政界入り資金は、陸軍の機密費を横領したものであると追及した。これに対して政友会は、中野がソ連の手先になって、軍民の間の離間をはかったと反撃し、三月十一日、中野の自省処決をうながす決議書が上程された。この議決書の上程により、議場は大混乱に陥った。第五一回議会は、この田中疑惑の他に、松島遊郭疑獄事件で政友会閣僚の疑惑も取り沙汰されることになり、目も当てられないような与野党のドロ試合と化した。

(3) **大病**　後藤新平は、大正十五（一九二六）年二月十一日、第一回建国祭に参列して帰宅後、脳溢血を発症し、臥床した。一命はとりとめたが、その後は多少歩行に難渋するようになる。脳溢血の発作は初めてだった。

（4）**療養中に**　この療養中、後藤は、日付は定かではないが、女婿の鶴見祐輔を枕頭に招き、「自分は先日から、いろいろと考えた。いよいよ決心して、新しい政治運動を始めるつもりだ。それがためには、財産も、また時によってはこの命も、投げ出す決心だ。」と語ったという（『〈決定版〉正伝　後藤新平8』二〇〇六年、藤原書店、四二五頁）。

普選に直面して政治の倫理化を提唱す

はじめに

諸君、今晩、私はここに卑見を述べて諸君のご清聴を煩わし、あえてご批判を請いたいと思い、この集会を催しました。その結果、このように多数の諸君のご参加を得たことは誠に光栄の至りです。司会者としてご臨席下さいました畏友阪谷〔芳郎〕男爵閣下、ならびにご来会の諸君に対しまして、深く感謝の意を表する次第であります。

1 党弊を憂い立つ

党争の外に立った従来の態度

私はかつて日本の政党の将来を察して、むしろその渦巻の外に立って国家に貢献するほかはないと考え、先年、立憲同志会を脱会(6)いたしました。それ以来、政治的には各党派とは何の関係も有していません。もちろん各党派中にはかなりの友人を持っています。また、党派内の事情についても、多少は承知いたしています。しかし、私は常に不偏不党の立場で、党派的な偏見の打破と、さまざまな弊害の刷新を切に願い、機会あるごとに党派を超越した見地から卑見を発表し、十五年来、「政治の倫理化」に関する著訳書[7]も出版してきました。また、パンフレットをも頒布して、自治生活の新精神を広く説き[8]、あまねくこれを社会全体に訴えてきました。その真意は、政党を無視してこれを打破しようとするのではなく、むしろ、外に在って健全な政党の成育を手助けしようと思うところにあります。

（6）**立憲同志会の脱会**　大正二（一九一三）年一月二十日、桂太郎（第三次桂内閣）は立憲同志会を結成、後藤もかかわったが、その立憲同志会の会員もやはり政権奪取を目指していることを知り、その党派性を嫌い、桂の死後、脱会した。

（7）**政治の倫理化に関する著訳書**　後藤の政治の倫理化に関する著訳書は多数あ

るが、この政治の倫理化運動に先行する代表的なものとしては、以下を挙げることができる。
○フリードリッヒ・パウルゼン著・後藤新平訳『政党と代議制』（冨山房、一九一二年）
○ハンス・デルブリュック著・後藤新平訳『政治と民意』（有斐閣、一九一五年）
○後藤新平著『自治生活の新精神』（新時代社、一九一九年）なお、『自治生活の新精神』については、『シリーズ後藤新平とは何か――自治・公共・共生・平和　自治』（藤原書店、二〇〇九年）に現代語訳文が収録されているので、併せて参照されたい。

また、政治の倫理化運動の一周年記念として、昭和二（一九二七）年四月十六日には、再び青山会館で講演会が開かれて、後藤が演説している他、新渡戸稲造、澤柳政太郎、永田秀次郎も演説を行っている。なお、この際の後藤の演説は「政治の倫理化運動の一周年」（本書に現代語訳したものを再録）のパンフレットとして同年六月に政教社から刊行されている。

さらに同年十二月、後藤は最期の訪露（ソ）に向かうことになるが、そのタイミングで、同じ政教社から『道徳国家と政治倫理』という著書を上梓している。この本は、これまでほとんど論じられてこなかったが、後藤が、政治の倫理化運動を自ら総括した書であるとともに、その根本義について哲学的に論じたもので、後藤新平の思想的かつ政治的遺書というべきものになっている。なお、『道徳国家と政治倫理』についても、藤原書店で近刊を予定している。

（8）**自治生活の新精神を広く説き**　『自治生活の新精神』は、最初、一九一九年二月に新時代社から刊行され、その翌年の十二月、後藤が東京市長に就任した直後には内観社より復刊されている。また、『自治生活の新精神』と同年には、後藤新平著、野中春洋編『自治の修養』（袖珍名家文庫　第五編、東亜堂）が刊行されている。東京市長就任後も後藤の「自治」関連の著作活動は活発であり、一九二〇年前後の後藤は、いわば「自治」の啓蒙運動を展開していたとみることができる。

少年団訓練の真意

また、あの少年団[9]訓練のことも、将来、健全な国民となるように、少年時代から現在の弊害に染まらず、義務を重んじ、責任を全うすることを人生の信条とする人物となるように指導しようと思い、倫理観念に基づいて自治生活の実行の助けとするため、いささか微力を尽くしたつもりです。ただ将来を案じて、まず困難を切り開き、倫理の種子を蒔くということに意を用いたのです。

これはつまるところ、物質万能に偏重した、現代社会の間違った風潮を矯正するために、その成功を十五年後に期して、その根底の養成に力を注ぎ、それによって国家に貢献しようとしたのです。

（9）**少年団**　後藤新平が東京市長の職に在った大正十一（一九二二）年四月十五日、後藤は、来日した英皇太子ウィンザー公（後のエドワード八世）を少年団とともに赤坂離宮に迎えているが、この時後藤は、請われて「全国少年団臨時総裁」となっている。その後、同年六月十二日に東京連合少年団団長となり、間もなく少年団日本聯盟総裁に就任し、以後亡くなるまで、終身その職に在った。

最近決心の由来

最近になって、党派の弊害が政治社会に及ぼす影響は、目前に迫った普通選挙の上に、恐るべき悪い結果を生じさせることになるのではないか、と思いをめぐらし、憂いの情を禁じることができずにいました。そこで、ここに十八歳までの少年訓練の力を、二十五歳以上の千二百万の、いわゆる新有権者の自覚に求めます。そして、これらの諸君とともに、国家のために尽くしたいという考えを抱き、従来、選挙ごとに既成政党が醸成してきた弊害を、新有権者に感染させないように防止しなければならない、と決心したのです。このためには安閑として、私一身の平和を貪(むさぼ)っていてはならない、まさに身を挺(てい)してこの大運動を起こさなければならない、と決心したわけです。

また、最近のように党派抗争の果てに、大日本主義を失い、小日本主義(10)に陥り、国運に沿って国策を樹立することをせず、小額の当座勘定に捉われて総勘定を忘れていては、国家を救うことができないような窮境に陥れかねません。これは不肖、私一人の憂いではなく、多くの人もまたこのような憂いを抱いているに違いないことを確信しています。

(10) **大日本主義と小日本主義**　後藤新平は、自他を救う大乗的発想として大日本主義を、自己のみを救う小乗的発想として小日本主義を考えていた。なお、一般的には大日本主義は対外膨張主義、小日本主義は不拡大主義を意味している。これらの言葉の後藤の用法には、それらの用法とは異なる意味合いが込められている点に留意する必要がある。

過去の提案と実績

いささか自負の嫌いはありますが、回顧すれば、政治社会における私の予見は、しばしば適中しているのであります。私の所見には、行われたもの、行われなかったものがありますが、すでにその実行に着手されたものでも、世間の反対のため、いまだその成果が得られず、また実行されないことで、国家に損害をもたらしているものが少なからずあります。その一、二を簡単に紹介してみますので、ご参考として頂きたい。

阿片制度　まず、世界でも有名になった阿片制度[11]の制定は、台湾統治の功を挙げただけでなく、昨年ジュネーヴで開かれた万国阿片会議[12]においても、その成功を認められました。これは私個人の名誉ではなく、帝国の名誉となったことは、諸君も納得されることだと思います。

広軌鉄道　これに反して、広軌鉄道[13]の場合は、ついに今日までこれを実行することができず、これよって生ずる損害を、日々国民がこうむっているわけですが、もう常習となって、格別不経済にも思わず、無頓着に経過し、昨今では運輸閉塞（へいそく）の困難のため、どうすることもできないようになってしまいました。

帝都復興　これらは単に広軌鉄道に限りません。このように行きづまるまで、姑息に一日をくらしていては、現在「一等国」などと言っても、安心できません。満洲経営[14]、台湾経営[15]、東京市政[16]、その他日露交渉[17]、帝都復興の計画[18]などにいたるまで、一々ここに、私はその得失をあげませんが、実に今日において、自分の所見が当たっていたことを、自ら信ずるばかりでなく、事実が最も雄弁にこれを証明しています。

現に帝都復興などは、今日に至って、私の計画どおり断行した方がよかった、という意見が増加し、前日反対したにもかかわらず、今日しきりに賛成する人が多数出てきたことから考えてみると、私は何も躊躇する場合ではない。所見の一切を述べてご批判を乞うた方が良いという考えを固くしました（拍手）。そういうわけで、最近の行きづまった政界をも、沈黙して傍観することは、決して国家に忠を尽くす道ではない、と信じ、一身の利害を顧みず、断然、所信に向かって邁進することを決心しました。このようなわけで、私の決意が、今回この政界に対する新運動、すなわち政党政治革新の運動となって現われた次第です（拍手）。

（11）**阿片制度**　阿片専売制度のことで、植民地台湾で後藤が実施して成功した。すでに阿片中毒にかかった者に対しては、総督府が一定の制限下に専売し、医師の指導のもとに漸減させ、中毒にかかっていない者に対しては、阿片を禁止する制度である。

（12）**万国阿片会議**　ここで後藤が言及しているジュネーヴの会議は、一九二四年から二五年にかけて行われたもの。会議は第一と第二に分けて実施された。第一会議は阿片吸煙が認められている諸国、イギリス、インド、オランダ、シャム、日本、フランス、ポルトガルが参加した。第一会議では十五条よりなる議定書（第一阿片会議条約）が作成され、調印、一九二六年に発効した。

（13）**広軌鉄道**　日本の国有鉄道は狭軌（狭い軌道）であり、それは現在もJR各社の在来線に受け継がれている。後藤は第二次桂内閣から寺内内閣時代にかけて、鉄道院総裁として、その広軌化に努力したが成功しなかった。しかし、その思想の一部は、戦後の新幹線開発により、ようやく実現した。

（14）**満洲経営**　明治三十九（一九〇六）年、後藤は、南満洲鉄道株式会社総裁となり、満鉄を中心とした満洲の経営に腐心した。翌年七月には桂内閣の逓信大臣兼鉄道院総裁（初代）となるが、満鉄を鉄道院管轄として、引き続き満洲経営に尽くした。

（15）**台湾経営**　明治三十一（一八九八）年、後藤四十一歳のとき、台湾総督府民政局長、後に民政長官となり、台湾総督児玉源太郎の下で、実質的統治に当たり、土着の匪賊を招降鎮圧、阿片制度を実施、台湾銀行の設立、保甲条例（台湾に古くからある自治制度を利用）を発布、台湾鉄道敷設、都市建設、製糖業を中心とする産業の振興、旧慣調査の実施、各種研究機関の設置など、独特の生物学的原則（その土地の慣習制度を生かすという原則）に従って、台湾の近代化に成功した。

（16）**東京市政**　大正九（一九二〇）年、党争と腐敗の場と化していた東京市政で疑獄事件が発生し、十二月、後藤は東京市長に推挙されて受諾、東京市政調査会を立ち上げ、東京市改造八億円構想を出すなど、大いに市政に尽くしたが、日ソ間問題が発生したため、その交渉に専念するために大正十二年四月に市長を辞した。

(17) **日露交渉**　日本とソ連との間では尼港(ニコラエフスク)事件(アムール川河口にあるニコラエフスクで起こった赤軍パルチザンによる大規模な住民虐殺事件。老若男女の別なく数千人の市民を虐殺した。殺された住人は総人口のおよそ半分、六〇〇〇名を超えるともいわれ、そこには日本人居留民も多数含まれていた)と北樺太問題(尼港事件の代償として日本軍は北樺太を占領した)をめぐって交渉が続けられてきたが、暗礁に乗り上げていた。後藤は、日ソ間の協商をまとめるべきだと考え、私的にソ連邦極東全権アドリフ・アブラーモヴィチ・ヨッフェを、病気療養を名目として招き、予備交渉を続けた。この間、日ソ漁業問題を斡旋解決している。

(18) **帝都復興計画**　大正十二(一九二三)年九月一日の関東大震災直後、後藤は山本権兵衛内閣の内務大臣兼帝都復興院総裁となり、帝都復興に全力を傾け、斬新な近代的帝都建設の大計画を立てるが、政友会と地主の猛反対にあって、計画の縮小を余儀なくされる。さらに、同年十二月の虎ノ門事件によって内閣は総辞職、後藤は下野することになる。

世評何かあらん

諸君、この政党政治革新運動の目的は、従来の政党者たちのように、目前の政権獲得にはありません。また自分の老齢を顧(かえり)みますと、この目的を達成するには、あるいは「日暮れて道遠し」の感があります。また世間では、この企てのことを線香花火のようなものと嘲(あざけ)っている向きもあるようですが、これは、悪知恵のある連中が、その悪を行うのに不便であるために、善を嫌い、正を嫉(そね)む声をあげているだけであると言えます。しかし、線香花火でも善事は善事です、正は正です。それから、その後を継ぐわが帝国の最も有為(ゆうい)な青年諸君が、さらに大きな烽火(ほうか)〔のろし〕を揚げ、そうして帝国の国難の救済に従事するようになれば、何も線香花火が悪いということはありません（拍手）。

また、六十九歳の老齢、この高齢の私は明日には倒れるかも知れません。「鳥のまさに死せんとす、その鳴くや哀し。人のまさに死せんとす、その言うや善し」〔『論語』泰伯編〕と古人も言いましたが、私などが高齢で死に瀕していても、その言動に善なるものがあって、有為の青年に向かって何らかの助けとするところがあれば、死んでもなお余栄が残ります。私は安心して地下に眠ることができます（拍手）。

過去の怠慢を懺悔

政治に貢献しようとする者は、必ず、まず政権争奪をしなければならないと信じている、卑劣な政治営業人の連中は、ただちに私の企てを政権争奪のことであろう、と考えるかもしれませんが、これは忌わしい低劣な政党の弊害の現状に捉われた者で、この連中は新運動のことを、それが線香花火でも、「それ烽火だ」と騒いだりして、とにかく破邪顕正〔邪道を破り、正道を顕わす〕の曙光に眼がくらみ、非常にあわてますが、これらの事は一々私がここに論じる必要もなく、また諸君の耳を汚すまでもありません。世間ではそのようなこともあるでしょうし、私は、今日のこの政治上の形勢を察すれば、なるほど政党が悪い、政党員その他政治の当局者が悪い、ということもあるでしょう。しかし、実はその根本を調べて見れば、私自身も国民として、公人として、その責任が大きいことを感じます。

そもそも、選挙の腐敗については、有権者自身に倫理の観念が乏しく、自治的自覚の欠乏を忘れていたら、それこそ、政治の倫理化ということは夢にも思い及びません。それどころか、かえってこれを、まわりくどくて事情に疎いものと考えてしまうのです。この現代の欠点を考えると、他人を責めるよりは、まず私自身、自らを省みて、補い正す覚悟をしなければならない。そうして従来足りなかったところを責めて懺悔し、それによって千二百万の新有権者、三百万の旧有権者諸君の前に告白して、従来の未熟な政党の連中のように、その過ちを飾り、その罪を群集心理に帰するような態度を改め、自ら身をもって革新に任じなければならないというのが、私の本意の存するところであります（拍手）。

なぜ既成政党は私の運動を恐れるのか

そこで、政治道徳の徹底を期すためには、千五百万の新旧有権者に訴えて、この新運動〈政界革新、もしくは、普選準備運動〉の必要性を了解してもらうために、まず啓蒙運動を試みなければなりませんが、これに対して、ただちに新党樹立というように考えられるのは早合点であり、誤解であることを免れません。しかしながら、このような動きをよく見ていると、そう考えるのは、一種の杞憂であるかも知れないと、最近私は考えているのです。それはどういうわけかというと、既成政党の諸君の中には、最初に私が考えたよりも、非常にこのことを軽視しているふりをしていたにもかかわらず、最近は烽火以上に驚き、内実はかなり重く見て騒いでいるように思われる節があるからです（拍手）。

今日、この会堂に臨んで見て、軽視するふりをしていたのは、事実の真相を得ていない人だ、ということを見出しました。政党中には、既成政党の党弊は、なしとは言えないから、世の人々の注意をひき起さないために、わざと言葉を設けて「後藤の一言によって掃除することはできないぞ、それは大きなお世話だから黙っている方がよい」などと口先で言いながら、すでに破邪顕正を恐れ、「あなたの線香花火を怖れて野次るような奴を雇い、大騒動を起こそうとしていますぞ、ご用心なさい」と私に知らせて来た者もいます。そこで私は、「それはありがとう」と言った。ところがまだ、この場に野次は出てきません。そのような人がいるかもしれないと私も考えますが、満堂のいかにも真面目な諸賢の空気に驚いて沈黙しているのかも知れません。それはとにかく、ただ今この会堂に、実に私の敬愛する紳士諸君のご来会をいただいたことは、私が衷心より感謝せざるを得ないところです。これより私は速やかに本論に入って、私が心に抱いていることを諸君に申し上げてみたいと思います。

友人の忠告

今回のこの思い立ちについて、私の友人の中には、「まあ年寄の冷水、やめた方がよかろう、みんなが老人相当に扱ってやるから、そういうことはやめたらよかろう、何も物好きにそんな運動などをするには及ばない」、と親切に言ってくれる方もいます。これは私一身のための親切な忠告として感謝いたします。しかしこれと、目下の国歩艱難〔国の前途に横たわる困難〕とは別問題です。

また一方、若い人の中に、「お前はいつまで生きているか知らないが、一日生きているならば、その一日をなぜわれわれ青年のために、否、国家のために捧げないのか」と言う人もいます（拍手）。これはいろいろですが、両方ともにみな親切な心から出ていないのではありません。ですからこれらの忠告に対して、十分に親切な心づかいには感謝しますが、私としては、この国歩艱難の時に際して、一身の安逸を貪るべきではないと信じ、この新運動の促進の道に進む他はないのであります。

単身独立の決心

その決意の次第について、なお皆様に一言申し上げておきたい事があります。すなわち、私が平素、政治について意見交換をした方々、また政治上、社会上においてご教示いただいている方々と、さらに意見の交換をして検討する必要を認めないではありませんが、私は別に考えるところがあって、これを誰にも事前に図りませんでした。ただ今司会をお引き受けいただいた阪谷男爵だけでなく、何人(なんぴと)にもご相談しませんでした。それは、この運動が、前途にすこぶる困難の多い事態であることを察知したからであります。

たとえば日本橋の通りを一緒に散歩したら、多分あそこには宝物が落ちているだろうから、拾ったら分け合おうという望みをもって出かけるのとは違います。そういう気分で道連れにするのとは違う。今後の道の険しさを選ぶひまはなく、一途に難路に進入して行くのだから、一緒に行くのは嫌だけれども、平素の懇意から、一行に加わらなければならない、という観念を起こさせることも本意ではありません。だから私が単独でやります。これは前年の、日露交渉問題に対するときの決意と同じです。このように言うと、いかにも傲慢に聞こえるかもしれませんが、私の一存で、ここにこれを公表して、そのうえで、途中で出会って心に感じてくださる人が出てくれれば、私は最も深く感謝の意をもってこれを歓迎します（拍手）。

2　現代の政治状況を大観する

日本の政情――第五十一帝国議会の不面目

今日ここに申し上げる決意に至った理由の第一として、最近の日本の国情を申し上げてみたい。ただ、これはもうご来会の諸君はとっくにご承知のことですから、それらの諸相に対してはあまり細かに申し上げる必要はないと思うので、これを略して、ただ、第五十一議会に現われた政党政治の現況はどうであったか、と一言質問するだけで足りると思います。私は今日ここにこの事を申し上げるのは、実に忍びない事だと考えているのです。

第五十一議会の議院内の光景はいかがでしたか。これは日本国民の名誉でありましたか？　畏ながら明治大帝の欽定憲法(19)を賜わった聖慮に沿うような実情でありましたか？　まず、私自身を問い質し、私自身の責任はまた重大であると感じたことが、老軀を投げ出して、ここに立たせた一つの原因であります。

(19) **欽定憲法**　明治二十二（一八八九）年二月十一日に公布、明治二十三（一八九〇年）年十一月二十九日に施行された大日本帝国憲法のこと。

出口の見えない人口問題

人口増加問題の対策ありや　第二には、また諸君にも質問してみたいのですが、日本は年々七十五万の人口が増殖しています[20]。この狭い国土で、このように増殖してゆく人口を安らかに養うことは容易な業（わざ）ではありません。このために今やわれわれの生活は、日々困難に陥って、国民の思想はますます危険なものになります。すなわち、上下（しょうか）を挙げて一大困難に陥ろうとしているのです。このような時に、人々の間に不安や恐怖の念が起こります。不安や恐怖の念が起こるにつれて、これに乗じようとする者が多く出てきます。また、未熟政党の腐敗分子がこれに乗じてさまざまなことをします。これが次に予定されている普通選挙に害毒を及ぼすのです。したがって、今において予防に努めないでよいだろうか。

また、このような日本の政治家は、人口問題解決の大策を持っているでしょうか。この大策については、後で一言つけ加えますが、そもそも、この根本問題を真剣に誠意と至情をもって考えているでしょうか？　目前の党利党略に没頭して、国民焦眉の大問題を閑却する傾向がないと言えるでしょうか？　また今日の日本国民は、人口問題の解決を中心とする一大国民運動を起こすでもなく、この行きづまった日本の国運を打開することができるでしょうか？　はたまた何人が、ただ今この大政策を別に抱いているでしょうか？　諸君は、政治家がこの大問題を放擲して、議会内の揚足取りに没頭し、学生の模擬国会のように、問答の当否巧拙などの些末な討論の技術に拘泥して、その日を暮らしていてよいとお考えでしょうか？

　このような官僚的小刀細工や、党派間の醜悪な秘密や欠点の追及に専念して自ら恥じないという状況を、諸君は無関心に見過ごすことができますか？　これは一方で政党が官僚化するとともに、他方で官僚が政党化したために、官界から純粋な官僚気分は消え去り、党派内には党紀の紊乱を粛正する公党的良心が消え去り、天下国家を治める基礎である大国策が、政党にも官界にもなくなってしまったことを示しています。

　そうすると、人口問題を中心とする課題に対策があるのかどうかに想い到れば、非常に心細くなります。そこで人口問題と言えば、国内国外に移植民するというようなこと、その他いろいろのことがあり、開拓の点からは、内地にある未開地をどうにかしよう、というようなこともあります。海外発展の点からは、外国に移民しよう、などと多少の一時しのぎの策がなくもありません。これらの策も、あえて悪いとは言いませんが、間に合わせの一時しのぎの方法であり、それによって国難を救うには到底足りません。工業原料確保のような問題も、また同様です。

しかしながら大体において、年に七十五万の人口増加を利用して、これを国家の幸福の原因とするか、または不幸の原因とするかの見地から大策は定まってこなければなりません。そうなってはじめて、自ずから解決の大策が見えてくるのです（拍手）。

政府にも政党にも真剣な調査がない　私はかならずしも政府や政党を攻撃するのではありませんが、諸君が現在の政党の政務調査会に行って、調査会長とか、また移植民のことを調査する人たちに会って、試みに「どういう材料でお調べになっていますか」とお尋ねになったらいかがでしょう。そこに果たして何があるでしょうか？　調査ということは、官僚の方でも答弁を追及されたときに、「目下調査中」と言って、申し訳の方便とすることがあまり珍しくないようです。政党の方では、いつも群集心理に隠れて、どんなことでも言い逃れをします。お互いにどんないい加減なことさえも言い合っている。政党と官僚ともにこの間、その場しのぎの議論の巧拙を競っていますが、一度調査局に入ってごらんなさい。別に何の珍しい材料もありません。外国の調査局のように、諸般の材料を豊富にして、これに周到な用意を加える力もなく、ただ握り拳（こぶし）一つが万能であるかのようにやるのですから、これはどうもエライことです（拍手）。それゆえに、私がかつて主張した、いわゆる大調査機関[21]などは問題にせず、利口そうに詭弁を弄（ろう）して、「今日は調査よりも実行の時期だ」などと逃げて、調査の不備欠点を飾るものも少なくありません。二十年前、私が東亜経済調査局[22]を満鉄会社に創設して、各国との材料交換を企てたとき、各政党の首領はこれを何と言って批評したか。各官僚中相当の識者といわれる人でも、これに対してどれほどの注意を払ったか。今委（くわ）しく経過を語らなくても、賢明な諸君はとっくにご承知のことと思いますから、今日はこれを略します。しかしそういうことでは、人口問題の大策はとても得られません。そういうことでは、この増殖する人口を、国家の幸福の原因とすることはできません。人口問題の大計大策を、内外に向かって定めることはできません。どこまでもただ当座勘定に走って、総勘定をなおざりにして顧みないのです。

現党員は頭数増加に没頭

こんなわけで、ただ党利党争に没頭して、甲党と乙党とが提携したり、また合併したり、分裂させたりして、議員の頭数を増すとか、甲党乙党丙党が互いに、頭数が若干増減したとか、しないとかばかり考えている。それも一時の場合、党人のその日暮らしには必要かも知れませんが、それのみでは大国策は成りません。

必ずや外に向かって、真に公党としての実を挙げるに足る調査機関が、今日よりもズンと完全なものがなくてはならないのです。ただ党派の頭数ばかりを増やすという弊は日本のみではありません。外国にもその例はあります。したがってコッフツァール・デモクラティ〔Demokratie Kopfzahl「頭数の民本政治」〕[23]という語がドイツなどにはあると承知します。この「頭数の民本政治」が「世論すなわち愚論」という通用語を生んできました。これは当然のように世の人々も心得、政治は日々に堕落し、また多数の横暴で無理を通そうとして、「政治は力なり」などと大間違いにもなってしまうのです。そのために真の民本政治は成立せず、いわゆるオルガニッシェ・デモクラティ〔Organisch Demokratie「有機的民本政治」〕を作り上げることができないのです。諺の「三人よれば文珠の智恵」というところに、「有機的民本政治」の妙があります。ところが、頭数民本政治の弊は、三人寄れば文珠の智恵どころではなく、「百人寄って馬鹿の智恵」になるから、こういうことになってしまいます。この「有機的民本政治」をやらなければならないことについて、どなたにもご異存はないでしょう。「有機的民本政治」の実が挙がれば、政党も、有機体としての国民の根本問題である人口問題を、最も重要な問題として取り扱うようになるから、自然に、目前の党利党略に狂奔しなくなります。

(20) **人口増加** 大正十二(一九二三)年における日本の人口増加数は七五万六千人、後藤がこの演説を行った大正十五(一九二六)年の人口増加数は九一万八千人であった(総務省統計局『国勢調査報告』『人口推計年報』による各年十月一日現在の人口)。

（21）**大調査機関**　大正八（一九一九）年の欧米視察の結果、後藤は第一次世界大戦後の世界市場は「科学」が制すると考え、日本および世界を科学的に調査する機関として、議会や官僚組織を超越した、民間人・外国人も加わった大組織を計画した。この調査組織による調査の結果をもとに、日本の百年の長計を立て、国の方針とすることを目的とした。また、その構想には、日本が世界市場で生きのびていくための意思決定まで行う、司令塔としての役割を担う新産業参謀本部としての性格も含まれていた。しかし、その点が政治当局からの反発を招いたこともあり、このプランは政府にいれられなかった。

（22）**東亜経済調査局**　南満洲鉄道総裁となった後藤がその構想を示し、二代目の満鉄総裁となった中村是公のもと、明治四十一（一九〇八）年九月十四日、満鉄内に創設された組織である。フランスの銀行クレディ・リヨネの財務調査局をモデルに、京都帝国大学の法学者、岡松参太郎を局長に登用し、ダンチヒ工業学校教授チースを招聘して主任とするなど、国際色豊かな布陣を整えた。この東亜経済調査局設立の報は海外からも注目された。後藤が本組織の目的としたのは、東アジアにおける門戸開放と公平な競争環境を整えることであり、官庁や経済的諸機関、起業家等と連絡し、様々な資料を収集、分類整理、随時調査引用の便に供することで、従来では考えられなかった内外の意思疎通の促進が図られることになった。

(23) **民本政治** 吉野作造らに代表される「デモクラシー／デモクラティ」の訳語「民本主義」からきたもので、後藤は、君主立憲制下ということで、「君以百姓為本」(君主は百姓をもって本とする)の意味に取っていた。

世界における日本の地位はどうか

第三に、私は諸君に問いたい。そもそも今日世界における日本の位置はどのようなものでありますか。さかのぼって安政元〔一八五四〕年の昔、開国を決定したときに、海に訓練された軍艦があったわけではありません。また陸に堂々たる新式の軍隊があったのでもありません。そのうえ、教育でも財政でも産業でも、あるいは法律などにしても、西洋諸国に対抗して、恥ずかしくないほどの強みを備えていたのでもありません。

それにもかかわらず、われわれの祖先や先輩は、不退転の勇気と努力と、百年の後を看破する見識とによって、敢然と開国を断行し、その後、王政復古によって、維新の大業を成就しました。やがて日本の実力が上がり、国際的な地位が高くなってきたおかげで、条約改正に成功し、さらに日清日露両戦役の戦勝によって国威が著しく輝くことになりました。これと同時に、国内で新しい工業がおこって、ようやく海外発展の糸口が開かれ、ついに世界の一等国の仲間入りをする今日となりました。

指折り数えてみますと、安政の開国という国是（こくぜ）〔国の施政方針〕の決まった時から、今はちょうど七十二年目に当たります。諸君、試みにこの年月の間に、日本の国際的位置はどのような変遷を呈してきたかをお考え下さい。そして、この間にあって、私が自信を持つほどの将来に対する内外の大策がどこにありますか。両戦役後、いわゆる政党政治はかえって凋落し、腐敗したばかりで、今日のような有様となり、ついに国運の艱難を招いているとはお考えになりませんか？

太平洋時代に処する大策があるか

ヨーロッパ大戦〔第一次世界大戦〕のために、計らずも全世界の勢力均衡が根本から覆えされました。そうして全世界の富と力が、アメリカ合衆国に集まりました。それゆえに大西洋沿岸の諸国は衰微して、今や世界の政治の中心は太平洋岸に移ろうとしています。こんな時代に際して、日本国民は、果たしてどのような世界政策を立てて、変転極まりない世界の大勢に善処しようとするのでしょうか。

現在、わが政治家の中に、果たして、新たな対世界政策を確立できる大きな見識をもつ人があるでしょうか。目をあげて、隣国の中国をごらんなさい。動乱が相次いで、ほとんど年中行事となった観がないか。北の国境に接するロシアの政情は、一応安定しているように見えますが、果たしてどうでしょうか。この間に、米国は虎視眈々とアジアの大陸をながめていないか。このような重大な危急の時局に臨み、国内は土地が狭く、人口の多さに苦しむ日本は、安閑と大勢の赴くままに拱手傍観していられるでしょうか。ただし、外務大臣は毎議会の初めに、「日本の地位は国際間に安全である」と月並で形式的な演説をされますが、われわれはこれを承ったただけで満足し、安心していてよろしいものでしょうか（拍手）。

石油争奪戦の例　試みに具体的な例をあげてみると、今日、全世界の強国は激甚な石油戦を続け、無線電戦や飛行戦の競争に没頭しているではありませんか。石油戦の例についていえば、石油のない国は、もはや強国として存立することが不可能であるといわれています。英国のロイヤル・ダッチ・シェル会社と米国のスタンダード・オイル会社とが、世界の隅々にまで手を延ばして、油田の争奪戦をやっています。こんな際に、日本の政治家はどんな石油政策を立てて彼らに対応しようとしているでしょうか。

私は四年前〔一九二二年〕、日ソ交渉が急務であることを説いて、北樺太(きたからふと)の問題[24]を解決するよう政府に勧めましたが、枢要の地位にある人は、例の官僚的言葉を弄(ろう)して、姑息なその場しのぎの見解によって、すげなくこれに酬(むく)いたために、国家にとって焦眉(しょうび)の急である大問題も、しばらくなおざりにされることになりました。われわれ日本国民は実に取り返しのつかない大損害を蒙(こうむ)ったのです。しかしご承知のとおり、近く日ソ修交条約[25]ができ、樺太石油の問題も曲がりなりにも解決したことは喜ぶべきですが、その分量からいうならば、世界産油に比べて取るに足らない量にすぎないでしょう。

食糧問題はどうか　それからさらに、日本の食糧問題はどうかと考えてみると、今日の政治家にどんな立派な成算がありますか。一体あの人達は国民生活救済の大経綸〔国を治める大方策〕については、真剣味をもって考慮していないのではないかとさえ疑われます。また飛行機の予定航路、その他の世界的競争についても、日本は諸強国の間にあって、はなはだしい劣勢を示しているではありませんか。つまるところ、こんな有様でうかうかしていると、ついに落伍の憂き目を見ずにはすまないことを恐れるのです。ところが今の政治家は、政権欲に急であるため、日本の国際間における地位の上下（じょうげ）などは、一切失念しているのではないかという感が、諸君の脳裡（のうり）に生じませんか（拍手）。私は重ねて諸君に言いたい。日本は今日こんな調子に安んじていて、果たして世界列強の競争場裡（り）に立ち、落伍者となる運命を免れることができるのか、と。まずこれを考えていただきたいのです。

この数年間における国際問題に関して、日本は、常に他人の後ろにあって、驚き、目を見張ることしかできませんでした。人口問題の根本的解決をなおざりにしたまま、帝国の国運を危機に陥らせた過失を再び冒すことは、ただ考えただけでも身が寒気立ってくるではありませんか。ありのままにいえば、取り返しのつかない大損害を数年来繰り返しているのです。その時の政府の背面に控えている政党の弁護人が、一時その罪を消滅させるように釈明しても、これが積み重なる罪の負債は、ますます増大して行くと思いませんか？　いくら弁護を巧みにしても、実際に背負わなければならない負債は、だんだんと増してゆくのです。

大日本主義の三大観　要するに、これらの点について私が主張するのは、どうか党派の争いにのみ没頭するのではなく、少しばかり心眼を開いて、静かに大局を見て頂きたい、ということです。

すなわち、

「第一に日本の日本……我を知る」、

「第二に世界の日本……彼を知る」、

「第三には日本の世界……すなわち我を知らしめる」

ということに到達するように、この三ヵ条を深く心に銘じて、だんだんその成功を収めてもらいたいのです。請い願わくば諸君、記憶せよ、言は簡単です。

「第一は日本の日本、第二は世界の日本、第三は日本の世界」であります（拍手）。

（24）**北樺太**　サハリン（樺太）島の北緯五十度線以北を指す北樺太は、樺太・千島交換条約以来のロシア領であり、ロシア帝国時代は沿海州に属した。ソビエト連邦成立当初は、シベリア出兵時に発生した尼港事件（注（17）、47頁を参照）を受け、一九二〇年から一九二五年の約五年間、北樺太は、日本のサガレン州派遣軍による保障占領下にあった。一九二五（大正十四）年に日ソ国交樹立で日本軍が撤退すると、ハバロフスク地方に編入された。なおこの間後藤は、加藤友三郎首相の内諾のもと、ヨッフェとの非公式な対露予備交渉に臨んでおり、北樺太については、日本が領土買収する方向で交渉を進めていたが、ヨッフェの体調悪化もあって、この交渉は成らず、打ち切りとなった。

（25）**日ソ修好条約**　ここで後藤が「日ソ修好条約（原文は「日露」と表記されている）」と言っているのは、一九二五（大正十四）年一月二十日に日本（大日本帝国）とソビエト連邦の間で締結された「日ソ基本条約」のことである。締結時の外交交渉当事者は、日本側代表は芳沢謙吉、ソ連側代表はレフ・カラハンであった。なお、日ソ基本条約は通称で、日本語における正式な条約名は「日本國及「ソヴィエト」社會主義共和國聯邦間ノ關係ヲ律スル基本的法則ニ關スル條約」である。

唯物主義の思想界を見よ

第四に諸君に質(ただ)したい。それは以上の三点に分けて申し述べましたことは、多くは物質方面からのことでしたが、さらに精神方面において、日本は、はたして喜ぶべき状態であるのかどうか、ということです。日本の現代の思想的傾向は、どのようになっているのでしょうか?

ただ眼前の小利害にのみ齷齪(あくせく)して、こんな空気が全国にはびこる結果として、国民の脳裡(のうり)は知らず知らず、自分だけを救おうとする小乗主義の人生観によって満たされていないでしょうか？　そしてこのために公の事を誤ってしまう破目に陥ってしまうことはないでしょうか？　あるいは、小さな清廉潔白と、こまごまとした慎重さを、道徳の真の在り方と思い、極端な場合、物質万能主義が最も進歩した思想である、と誤解する風がないでしょうか？

日本古来の伝統を尊重する方々は、偏狭（へんきょう）で固陋なショーヴィニズム〔排外的愛国主義〕に陥り易く、近代世界の進歩を謳歌する人々は、浅薄な唯物史観に囚（とら）われる者が多く、それぞれ互いに、今日の日本の思想界に忌むべき弊害を醸成しているのではないでしょうか？　物質主義を偏重（へんちょう）する結果として、上下（しょうか）互いに利を争い、国を危しというまでに至ったのではないかと思います（拍手）。

私の眼中に右傾も左傾もない　この間にいる私は、もとより左傾でもなければ右傾でもありません。すなわち左傾は不可とすると同時に、右傾もまたよろしくないとするのです。

ただ大中至正の途あり　ただ大中至正(だいちゅうしせい)、(26) 中庸(ちゅうよう)の道〔不偏不党で公正な道〕を行くことをよしとするのです。しかし、ある人はこれを見て脱線と言うのです（笑）。この脱線の幸福を享(う)けている者は黙って享けているのですが、もし私の脱線によって不幸を被った者があるならば、確かに損害を訴えてくるはずです。相当の賠償をしても差し支えないと覚悟していますが、何も訴えてこない。その実、いわゆる私の脱線から幸福を享けているものはいますが、不幸を被ったものはいません。

大風呂敷か小風呂敷か　また中には、後藤の大風呂敷と評する人もいます。しかし私は小風呂敷です。もし私の広げた風呂敷が広すぎて困るという人があるならば、その広すぎて余った布片（ぬのきれ）を切って持ってきてもらいたい。そうすれば当節、一番高価な更紗（さらさ）[27]よりももっと高値の割合で買い取るつもりです（笑）。

（26）**大中至正**　「一方にかたよらないできわめて公正であること」の意。王陽明『伝習録』（一七八三年）上巻第五十条に「若論聖人大中至正之道、徹上徹下、只是一貫更有甚上一截下一截」（聖人の道は大中至正であり、上下は一貫しており、上半分、下半分と言う区別はない）という記述がある。

（27）**更紗**　木綿や絹に人物、鳥獣、花卉などの模様を染めたもの。本場はインドやジャワで、そこから影響を受けたヨーロッパ更紗や和更紗もある。

日本の理想主義と西洋の進歩主義との調和を提唱

繰り返し言いますが、私はどこまでも左傾は不可、右傾も不可、大中至正、中庸の道を勇往邁進（ゆうおうまいしん）しなければならないと考えます。だから、脱線というのは無軌道自在安全の卓（すぐ）れた働きのことで、かの物質万能主義の偏傾を矯正して、これに日本文化の伝統である精神的要素を加え、それによって、日本の安全な道を開拓しなければならないと思います（拍手）。これを言い換えれば、日本伝統の理想主義と、西洋の進歩主義とを統一し、これを調和して、それによって日本の現在の国民精神を奮い起こすことが急務であると思うのです（拍手）。

これは諸君とともに、諸君のために、やらなければならないことです。私が、単独の責任で、所信をここに声明するに当たり、諸君がもしこれに同感で、ともに努力して下さるということでしたら、私はこれを歓迎し、ともに手を携えて進むことに躊躇しません（拍手）。

今日、在朝在野の政治家であって、真に内外の思想問題に思いを潜めている人が幾人いるでしょうか。自ら、思想問題を研究しないで、国民の思想善導などと叫ぶのは、おこがましいことではありませんか。もちろんこのように申している私自身、決して最新の学問に触れたとか、最近の国民の心理を解しているとか、また自ら観察して通じているなどとあえて不遜な言はいたしません。ただ、私は、今日の若い学者や思想家の研究を傾聴するだけの心持ちは失っていないのと、最近の国民心理に触れることを怠らないよう努めようとしている、とだけは言明いたします。

また、青年諸君が、これらの事についていろいろに考究された結果を聴くことを、私は最も楽しんでいるものであることを、ここに附言しておきます（拍手）。

決意

私はこのように現代の日本の大勢をながめて、静かに日本の将来を念（おも）うとき、頗る寒気を覚えるのであります。

わが輩は、六十九年のわが一生を顧み、王政維新より、日清、日露、日独[28]の三大戦を経て、今日のような国運の隆盛にたまたま出会った身の幸福を感じるとともに、そのますます多難になろうとする帝国の将来を考え、そして現代の政界思想界を大観し、心中、憂鬱となり、胸が塞がれるような気がいたしました。

顧みれば、不肖の一生は、明君と、先輩と、国民との共感により、分にすぎる幸福を受けてきました。来たるべき不安も、いわゆる世間の不安であり、直接に自分を襲ってくるものではないので、冷笑して一日を送るべきでしょうか。否、わが輩はそのように考えて、安閑としていてはすまないと痛感したのです。

私は今年で六十九歳の老軀ですが、この老骨、なお多少なりとも、国家社会のために用いることができるならば、謹んで、これを天下に捧げることが、自分一身の正しい義務ではあるまいか？　わが身の不敏と、老齢などの理由で躊躇するのは、かえって、国民としての義務を怠るものです。この小さな身体を君国に捧げて、後の優れた人のために先駆の役を務めることが、国民としての私の義務です。成敗利鈍〔成功失敗、運不運〕は、あえて意に介するところではありません。わが輩は、このような決心をしたのであります。

私は、いたずらに、後方より指揮刀を振って、進め進めと他人を駆り立てようとする者ではありません。私は、この事業のためには、天下に、同志とともに、わが身命を賭して邁進する決心であります。

（28）**日独の戦い**　第一次世界大戦で、一九一四年九月、中国山東省から独領南洋諸島にかけて戦われた、ドイツとの戦いを指している。

3 政治の中心思想は倫理観念だ！

グラッドストーン七十一歳にして立つ

わが輩は、今や六十九の老齢であります。しかしながら、古往今来(こおうこんらい)、老齢といえども、国事のために挺身(ていしん)奮闘した人物は、少なくありません。有名な英国の政治家、グラッドストーン〔ウィリアム・グラッドストーン、一八〇九―九八年〕が、英国政界の腐敗をなげいて、ミッドロージアン・キャンペーン〔Midlothian Campaign〕という大運動を起こし、英国全土を震動させ、大英帝国国民の政治的良心を覚醒したのは、彼が七十一歳の時です。彼はその老軀を提げて、静かなハワーデン〔ウェールズの地名〕の山荘から、真一文字に英国政界に飛び込んで来ました。そして、僅か一ヵ月の間に八万六千語の演説を行い、全英国民の眠っている道徳的良心を覚醒させました。たとえ私のその言葉は少なくとも、その眼目は精神にあり、言葉の数によるべきではないと思います（拍手）。不肖私は、この偉人に自らを比べるような不遜をあえてするものではありませんが、その精神において、大和民族の一人として、どうして彼らの後方で目を見張って驚いていられましょうか（拍手）。老齢をもって、国難に奮起した古人の事蹟を思い起こして、不肖私もまた、老齢のゆえに逡巡すべきでないと自ら鞭打つ次第であります。

根本的謬見の撃破──「政治は力なり」の一語

わが輩が、現代の国情、ことに政界の状況を眺めて、憂慮痛憤に堪えないことは、今日の日本において、実に奇怪な政治的用語が流行し、このために国民精神の根本を損なったことです。それは、何であるかというと、「政治は力なり」という言葉です。ひいては我党内閣などという非立憲の文字を臆面もなく放言するなど、国民に多大な害毒を流しているのです（拍手）。すなわち、政治の根本は、ただ現実的な力であると言っているのです。そうして、その力という言葉の解釈が、あるいは権力、情実、あるいは金力、あるいは暴力であって、これを獲得するのが政党の究極の目的であり、そのためには、どんな手段も選ばないことが、今日通用している物質主義の政治思想です。多くの弊害の端緒は、実にここに発すると、わが輩は考えるのです（拍手）。

力の意味が、高尚な道徳的な力ということであれば、わが輩には異論はありません（拍手）。しかし、先に述べたように、力とは物質的、現実的な力という意味なので、この言葉の流行するところ、国を挙げて、低級劣悪な物質力崇拝の風潮に走らせたのです。この大勢を転回しなくては、とうてい今日の日本の悪風を一洗することはできません。要するに、物質主義に偏傾するのは不可、また精神主義に偏重するのも不可、霊肉一如物心一如〔肉体と霊魂は一体、物質と精神は一体〕(29)でなければならないと信じます。すなわち、政治闘争の倫理化が必要となるのです。これは無用でありましょうか（拍手）。

この政治の倫理化について、ある人は、政治の倫理化などということは古い、政治の根本は新しい社会正義でなければならない、と説きます。けれども、その人は政治の倫理化を除いて社会正義をどこに求めようとするのでしょうか（拍手）。

（29）**霊肉一如物心一如**　「一如（いちにょ）」とは、絶対的に同一である真実の姿、という意味の仏教用語であり、「霊肉一如」は霊魂と肉体の絶対的同一性、「物心一如」は、物質と精神の絶対的同一性を意味している。後藤は本編の後半部で、アインシュタインの相対性理論を援用して、この議論を再演している。

聖徳太子の出現とご事業

これを史上に見ると、不思議にも、わが国は、しばしばこのような風潮に支配されています。けれども閥族すなわち党派の争いで国家が危機に遭遇しても、そのときにはいつも、幸いに偉大な人格者が現われ、これを正し、救ってきたのです。その最も顕著な例は、聖徳太子〔五九三―六二二年〕の治蹟です。私は聖徳太子一千三百年御忌〔大正十（一九二一）年〕に際し、文化会創立に参列して大いに感銘しました。そうして今日の私の新運動の第一声が、いよいよ無用ではないことを自覚しました（拍手）。

私はかつて聖徳太子の伝記を謹読して、今さらのように太子が英明で高徳な人格でいらっしゃったことに、驚嘆しました。わが国の政治の倫理化ということが、すでにその当時においてできていたことを拝察しました。太子が世に出た時代はいかなる時代だったでしょうか。

それは氏族制度の弊害が極度に達し、蘇我、物部などの豪族が私利を計り、私腹を肥やし、党争を事として国民が塗炭の苦しみに陥ったときでした。この政治上の争いのために、国民道徳は地に墜ち、役人の綱紀は頽廃し、白昼賄賂を取っていたというような状態でした。そうして恐れ多くも、上、皇室までも氏族跋扈の勢いのためにご困難に陥られたのです。

ところが聖徳太子は、この腐敗した空気の中に立たれて、十七ヵ条の憲法を制定され、冠位を定め、徳教をもって国教の中心に掲げました。このために、従来は力と利欲とが、政治の根本であると考えていた社会の中に、一国政治の淵源は、高尚な倫理観念であることが明らかになり、世を挙げてその風に化し、国の基礎もまた安定したのです。

憲法十七条

太子がいかに高尚な理想を抱いておられたかは、その御手（おんて）になる十七ヵ条の憲法〔六〇四年〕の条章を見れば明らかです。現代の法律中毒に陥った人々の中には、太子の憲法について、これは法律ではない、道徳の教えであるなどという者もいます。また法治国では道徳論は憲法として値打ちのないものであるという説も、法律先生から聞いたことがあります。これは実にその論者の見識が低劣なことを自白するものです。国家政治の根源は、利欲を基（もとい）とする権利観念ではなく、仁義を基とする倫理観念であるということを知らないための錯誤です。

太子は憲法の第一条で、「和をもって貴（たっと）しと為（な）す。忤（さから）ふことなきを宗となす」と喝破しています。各条はここに略しますが、およそ人間と人間との平和、調和を国民生活の根本としたのは、千古の卓見であり、近代の西洋の平和論に先んずること実に一千年であると言わなければなりません。また、第四条には、「それ治民の本は、必ず礼にあり」とありますが、礼にありとは秩序のことであり、近代の政治学説が忘却しつつあるところを千年前に道破〔ズバリ言い当てる、的確に論じる〕しています。われわれ日本国民にとって、わが国の政治の倫理化とは、国民全体が一大家族であって、天皇が畏くも家長として在ます点から、西洋における倫理とは性格を異にし、実に大和民族の世界に誇るべき事実であると思います（拍手）。また第十七条において「それ事は独り断ずべからず、必ず衆と共に論うべし」とあるのは、後世の立憲政治の根本原則を明示したものと言えます。

政治の倫理化が太子の聖慮

聖徳太子の聖慮は、後に大化の改新によって現われ、さらに明治維新の後、「五ヵ条の御誓文」として再び現われてきます。一言でこれを言えば、聖徳太子のご事蹟は、つまるところ政治の倫理化であったと拝察します。すなわち、政治は力なりという思想とは正反対でした。力を政治の基礎とするときは、たとえ一時の成功はしても、必ず天下大乱の俑[30]を作ります。これに反して、政治の根源を倫理観念に置くときは、その効果が現われるのは遅いかもしれませんが、永遠に国民生活の安定となり、国家興隆の素因となります。温故知新で、政治の倫理化により、現在の弊害から救うことに向かって、まっすぐ一文字に進みたいと思います（拍手）。

そもそも、力をもって政治の基礎とすることは、一時の成功はありますが、天下大乱の俑を作るものであることは、ここに私が精しく言わなくても、諸君はご承知のことだと思います。また、永遠にわたる国民生活の安定と国家隆盛の基が、一に政治の倫理化にあることは、何ら疑いのないところです。近年、外国においていろいろ平和事業、政治の倫理化について発展を見るのも、これがその理由です。

（30）**俑**　死者を葬るとき、殉死者のかわりに副葬する人形。始皇帝の兵馬俑を想起されたい。なお、孔子は、死者の副葬品として、芻霊（草人形）を用いることを善とし、人を写実的に描写する俑を用いることに反対した（『礼記』檀弓下）。この孔子の観点からすれば、俑をつくることは一種の弊風、悪弊である、ということになる。

ルーズベルトの政界革新運動

近年、外国に起こった事例をあげて、これを示せば、米国の大統領であったルーズベルト〔セオドア・ルーズベルト、一八五八―一九一九年〕氏の政治運動が、やはり純粋な倫理運動でした。彼は敬虔な宗教信者でした。彼の宗教観は、「義を行い、慈悲を愛し、神とともに謙遜に進む」ことであり、これが彼の一生を通じて変わらない政治的信条でもありました。彼は大統領をやめ、一時政界から引退していましたが、米国の政界の堕落を見て、その誠の心が憂え痛むことに耐え忍ぶことができず、ついに再び政界に立ち現われましたが、これはいわゆる「大道すたれて仁義起こる」[31]の類であり、今日の私のこの挙もやむを得ない次第なのです（拍手）。一九一二年三月二十日、ニューヨーク市のカーネギーホールにおいて、ルーズベルト氏が有名な政見発表演説をしたときに、次のようなことを言っています。

友人諸君、米国人としてのわれわれの仕事は、人民の純真な統治によって達成した社会的ならびに産業的正義のために努力するということです。これはわれわれの究極の目的であり、われわれの所存〔心に思うところ〕です。その目的を達成するための手段は、単に一時の方便にすぎません。実際の適否に応じてこれを変更してもよろしい。しかしながら、われわれは胸底においては、この高貴な目的を抱いていなければなりません。そしてこの目的の達成のためには、われわれは誠心誠意、努力しなければなりません。そうでなければわれわれの事業は、一個の空業に終わるでしょう。そしてわれわれの成功のためには、我らは天の啓示を享けた理想主義的指導者を必要とします。偉大な見識を有する指導者を要します。遠大な夢を有し、その夢の実現に努力するような指導者を要します。自分の心の中の霊火を把って他人の霊魂に点火できるような指導者を要します。しかしながらこのような指導者は、要するに一個の道具にすぎません。毀れるまで使われて、毀れた後に放棄される道具にすぎません。そしてこのような指導者の役目を勤める人も、真骨頂のある〔本来の自分を持った〕人間であるならば、役目の終わった後、放棄されることを少しも意に介しないはずです。あたかも彼の兵士が戦場に赴いて、勝利を得るためにその身命を擲つことを辞さないのと同様でなくてはなりません。正義を獲得しようとするわれらの長い戦いにおいて、われらの合言葉は、他人を使い果たし、また自らも使い果たされよ、でなければなりません。一人の人間の成功失敗のようなことは論ずるに足りません。しかしながら大義は亡びてはならない。なぜならば、これは全人類のための大義だからである。

私はこの悲壮な文字を読むたびに、粛然として思わず襟を正します。なぜならば、ルーズベルトがこのように言ったときには、彼は真に身を捨てて米国の国難を救おうと覚悟していたことが明らかだからです。いやしくも身を捐て、国難を救う覚悟のあるものは、彼ルーズベルト氏の顰に倣うことを躊躇する必要はないと信じます（拍手）。

私はさらに進んで、現代流行の物質万能主義が、科学すなわちサイエンスの上より見ても、時代後れの旧思想となりつつあることを論じてみたい。当然精神方面の資料を取り入れ、われを知り、わが歴史を知り、わが国体を知り、それによって進まなければなりません。

（31）**大道すたれて仁義起こる**　『老子』第一八章。無為自然の大いなる道が廃れたので、仁義の概念が生まれた、という意味のことば。人の道理が自然に行われていた昔は、仁義という人為的な道徳は必要なかったが、世の中が乱れてくると、ことさらに仁義を唱える必要が生じて来る。

政治と科学との関係

精神的問題、すなわち宗教とか、哲学とか、政治思想ないしは法律思想というものが、自然科学すなわちナチュラル・サイエンスから深い影響を受けることは、私から申し上げなくても、皆様が十分ご承知のことです。そうして最近二、三百年の世界は、この実際科学の発達により、社会組織もわれわれの思想も根本的に変化したことは、私から申し上げるまでもありません。ですから実験科学、または自然科学の発達は、われわれの政治運動と最も密接な関係をもっているものであり、これを除外しては、新しい国民運動は起こり得ません。

ウィルソンの憲法論

そこで私は、自然科学の原則がどのように各国の政治を変化させてきたかを、米国の政治運動の例で申し上げたいと思います。それは一九一二年の米国大統領選挙の際に、民主党の候補者であり、後に大統領に当選したウィルソン〔トーマス・ウッドロウ・ウィルソン、一八五六―一九二四年〕氏が申し述べた米国憲法論(32)です。ウィルソン氏は、反対党の憲法論が、時代が進む方向に適していないことを論じています。そもそも三権分立説というものは、立法、司法、行政の三部門が相互に牽制（けんせい）して、専横放恣（せんおうほうし）の弊害を生じないようにとの用心からできあがったものです。これは当時の学問がニュートン〔アイザック・ニュートン、一六四三―一七二七年〕

の力学説に支配されていたために、すべての世の中の状態は、動力（アクション）〔作用〕と反動力（リアクション）〔反作用〕との均衡で平和を得るものである、との学説が全世界を風靡していたから、政治においても、三個の権力の動と反動とのチェック・アンド・バランス〔抑制と均衡〕の関係を、憲法上の原則として採用したのです。しかしながら、今日の時代はこれと全く異なっています。米国憲法の成立後、ダーウィン〔チャールズ・ロバート・ダーウィン、一八〇九―八二年〕の進化論というものが発表され、全世界の学説はこの進化論を基礎とするようになりました。これに従えば、すべてのものは外界の状態に順応して進化するものです。米国の憲法をニュートンの原理によって解釈するのは、憲法そのものを生命のない器械と見るものです。これに反して、ダーウィンによって解釈すると、憲法は生命ある有機体と見るのです。今や進化論の世です。憲法を一個の生命のない器械と見るのは、時代遅れの思想です。米国憲法は時々刻々と発達し、進化すべき有機体（オルガニズム）です。周囲の状態の変化とともに、憲法の解釈は変化してこそ米国国民の幸福と隆盛が期待できる、とこのようにウィルソンは論じているのです。

このように科学の影響を受けて、憲法の解釈も変わるようになった世の中で、昔風の古いことに頑固（がんこ）に執着した見識で、政党が千二百万の新有権者に立憲的生活の幸福を指導していけるか否か、ということは大問題であると思います（拍手）。

（32）**アメリカ合衆国憲法**　一七八七年九月十七日に作成され、一七八八年に発効。現在も機能しているものとしては、世界最古の成文憲法である。

現代の科学――アインシュタインの相対性原理

それではダーウィンの説は、今は何に押されているかというと、先年、日本にも来て諸君の記憶にも新しいアインシュタイン〔アルベルト・アインシュタイン、一八七九―一九五五年〕の相対性原理に支配されるようになりました。そこで大正元〔一九一二〕年の米国において、かつてニュートンの力学説に支配されてきた米国憲法は、ダーウィンの学説によって解釈の変化を見なければならなくなったように、再転して大正十五〔一九二六〕年の今日においては、アインシュタインの相対性原理によって政治思想もさらに異常な変化を蒙（こうむ）ったのであります。

私は専門家ではありませんから、アインシュタインの学説をここに精しく説明することはできませんが、私の知っている範囲でアインシュタインの説を紹介しますと、その相対性原理は、物質と精神とは別々のものではない、一つであるということになります。旧来の実験科学の説くところは、物質と精神とは別々である。そうして科学の領分は物質界にあるとして、物質偏重、物質万能の傾向を生みました。物質偏重、物質万能の主義は、今なお日本において新説であるとして社会および政界に大波乱を巻き起こしています。

カール・マルクスは時代後れ

物質偏重、物質万能主義の中毒、これはカール・マルクス〔一八一八―一八八三年〕の社会主義です。唯物史観の経済説です。学者の議論もいろいろあることですが、しかしながら今日よりこれを見れば、カール・マルクスの説というのは時代後れのものだということを、盛んに学者は唱えるにもかかわらず、日本ではその声はとても低く、カール・マルクスを恐れること虎のごとくで、あたかも上野の動物園から虎が飛び出して来たかのように思っているお方がいる（拍手）。しかし、それはそんなに恐れるに足りない時代になってきた、ということをお知らせしておく方がよいでしょう。カール・マルクスは傑出した大家で、今日なおその価値を有する点がないではありませんが、最近の科学の進歩により、唯物論に偏する欠点があるために、次第にその勢力を失う傾向があります。果たして、私の言うとおりになるかならないか、ということを今から記憶しておかれることを切に希望しておきます。

そこで、彼の「政治は力なり」という説のごときも、皆この物質万能の範囲に捉われて、そこから脱出できていないものであって、非倫理的政治論に立脚して恥じない、我党内閣というような非立憲的な文字を用いて、暴力に訴える党弊の政治も、皆これに支配されていると言えます。どうかアインシュタインの研究による、精神と物質とは同一であるという霊肉一如の一大変化によって、偏らない発達をしていくような、倫理的観念によって政治を支配するところに至りたいと思います（拍手）。

ある人は、「そんな難しいことはお前がいくら叫んでも、千二百万の新有権者に分かる者がどれだけあるものか」と言いますが、そのように大和民族を軽蔑すべきものではないと私は思います。「三百万の有権者の大部分が、その当時の誘惑にあって誤まった。今度の新有権者はその下であるから、皆そうなる」などということは、私にはあまりに国民を侮蔑した発言だと思います（拍手）。この時にあたって、われわれ同感の士は、叫びをあげて、各々その正しいものごとに帰するようにしなければならぬと思います。その倫理観念、その自治的自覚が、ついに一大幸福をもたらして、日本帝国を偉大なものになすと私は信じて疑いません。これがすなわち新理想主義の提唱であります。

新理想主義の提唱

諸君、この時に当たって想い起こされるでありましょう。一昨年、私がドリーシュ博士[33]をドイツから招きました。この人は生物哲学の大家です。哲学の根本が今日においては変わりまして、生物哲学ということになって、ビオ・フィロソフィーとかバイオロジカル・フィロソフィーなどと言いますが、その哲学が起こったのは、すなわち、先に述べたような変化から来ており、ひいては、今日の政治の倫理観念を最近一層高めるにいたりました。しかしながら、なお今日その間に不一致をきたすものがあるのは、この物心一体の域に達せず、物質万能主義と精神主義との間に距離があるためです。これらのことに照らしても、われわれの倫理観念の存否が、国家興亡の原因をなすことは、少しも疑いをいれません。

この倫理観念の政治上の変化ということについて、なお一言申し上げておきます。

（33）**ドリーシュ博士**　ハンス・アードルフ・エドアルト・ドリーシュ（Hans Adolf Eduard Driesch、一八六七―一九四一年）。ドイツの生物学者、哲学者。一八八〇年代に最初の動物クローニングを行った。邦訳された著書に『生気論の歴史と理論』米本昌平訳（書籍工房早山、二〇〇七年）がある。

自著『国家衛生原理』の精神

諸君、私がただ今申したことは、何か私が柄にないことを学者から聴いて請け売りをして、この演説を飾ったように見えるかも知れません。それについて、私は一言事実を申します。私が自治的自覚、自治的真精神、これを提唱したのは昨日今日のことではありません。これが生物哲学の原則に適っているということは、すでに明治二十二（一八八九）年に私が著述した『国家衛生原理[34]』の中に明瞭に書いています。

私は無学ですが、この書の中の自説をずっと継承して今日に至っています。

(34)**『国家衛生原理』** 明治二十二(一八八九)年、後藤が三十二歳の時に著述出版した。ダーウィンやスペンサーの社会進化論や、ローレンツ・フォン・シュタインの、国家を「人格態」として捉える国家学や行政学等を踏まえた社会・国家論である。同時に、当時、世界的にもまだ黎明状態にあった「衛生」という概念それ自体を、自ら社会・国家論の中に位置づけ、鍛え上げた著作であり、その翌年に出版した大著『衛生制度論』とともに、後藤の「衛生」学を代表する著作の一つである。なお、「衛生」とは『荘子』に記されている「生を衛る」という原義から発している。

政府の職能の変遷

政治の中心思想が倫理観念でなければならないことは、生物哲学の上から考えると、もはや争うことができず、政治の中心機関である中央政府、また地方政府において、また市町村の自治団体においても、次から次に倫理観念を棄てては、仕事ができないようになってきました。

東京市の自治は真に自治を了解するという点で完全ではないということは、諸君もまた同感だと思います。このような事柄から考えてみても、「政治は力なり」と言った時代から、どんな風に変化してきたかについて、いささかここに弁を費してみたいと思います。

毎度引き合いに出して失礼ですが、司会者の阪谷男爵は、私の先輩の東京市長です。東京市の自治団体が、倫理観念がなければならないのに、どうしてもそれを欠いているものだから、いたずらに党派の争いになっていたという事実があります。これは阪谷男爵もよくご存じでしょう。これを考えてみても、政治の倫理観念が実際に必要であるということは明瞭です。ところが、政治の倫理化は結構だが、理想であり、実際には不可能だ、などと自ら堕落に甘んじる人の意志は、そもそもどこにあるのかを、私は疑わざるを得ません。

❶武力中心時代　昔は内敵を征服し、また外敵を征服するために武力を要しました。その時代には、政府の職能は軍隊であって、「政治は力なり」ということが眼目でした。

❷警察力中心時代　それが一転して中世期には警察時代に変わってきて、警察が政府の職能の大部分になりました。

❸公営事業中心時代　ところが最近は次第に公営の事業が政府の職

能となってきて、ガス、電気、教育、あるいは衛生というように、国民の生活と幸福の世話をするのが政治の本体となってきました。

政治は奉仕である

たとえば教育といっても、昔のように役所筋だけの教育[35]ではなく、社会教育[36]というようなことも派生してきました。それから産業、交通、その他のものがだんだんと自治体の事業となり、したがって「政治は力なり」ということではなく、「政治は奉仕である、サービスである」と、こういうことに変わってきました。この政治が、力からサービスに変わってきたということは、取りも直さず、倫理観念が政治の本体になったということです。これをある人は、倫理観念は古いので、社会正義だ、と言ったそうですが、そう言っても間違ってはいないでしょう。しかしながら、倫理観念を取り去った社会正義などというものはどこにもないはずです。もしもあったら買ってきたいものです。そういう社会正義は断じてありません（拍手）。

徳川時代や欧州の十七、十八世紀にあっては、「政治は力なり」であって、それは封建思想です。この封建思想を受け継いだ政党は封建政党です。

（35）**役所筋だけの教育**　文部省が主導する学校教育の意。

（36）**社会教育**　現在の日本の「社会教育法」は、社会教育を「学校教育法に基き、学校の教育課程として行われる教育活動を除き、主として青少年及び成人に対して行われる組織的な教育活動（体育及びレクリエーションの活動を含む）」と定義している。後藤がこの演説を行った二年前の一九二四年、文部省の普通学務局内には社会教育課が設置されており、この時期は、日本における社会教育の勃興期にあたる。青山貴子「社会教育研究における戦前の捉え方に関する一考察」『大学改革と生涯学習――山梨学院生涯学習センター紀要』(19)、五三―六一頁（山梨学院生涯学習センター、二〇一五年三月）を参照。

わが国の政党は封建政党

現在の政党は立憲政党と言っていますが、それは名のみで、みな封建政党です。すなわち頭数（あたまかず）民本政治で、多数横暴を本尊として、無理やりに自己の意見を通すことを政党の本領としていると、こういうことになるでしょう。そこで、これを今流行の言葉を借りて言えば、これは時代錯誤であるといえましょう。

今日は武力の世の中ではなく、政治は奉仕の世の中になりました。

年来私が主張する「文装的武備[37]」であります。武装的文弱では国民に幸福を与えることができず、かえって禍（わざわい）をもたらすので、「政治は力なり」という意味は倫理道徳の力なり、とならなければならないことに変わってきました。この意義において、私は今日、政治の倫理化を唱えるものであることを、ご承知下さるよう、切に希望します（拍手）。

私はここにただただ、倫理的政治思想を守り本尊とする自治の発端に注力して、帝国憲法の真の精神を尊重して、全国の青年諸君とともに、毎日行動を改善して、新しい義務を果たし、従来の党派の悪弊に捉われないようにしていきたい。しかしながら私は、無闇に少年、青年を駆り立てて、不良老年追討の旗を立てるものでもありません。その点は誤解のないように願いたい（拍手）。

自分は老人なので、老人を尊敬すること、決して人後に落ちるものではありません（笑）。しかしながら私は、これからを担うべきは、新鮮活発な気性の若者に限ると信じます。ですから、老朽姑息な老人の態度を学んではなりません。私は、年齢は争えないものであると思います。ただし、中には例外はあります。そうでなければ、「さきほど何のためにグラッドストーン氏などを引き合いに出したか」といって、叱られるかも知れませんから、こういう例外もあると断わっておくのです。何も私は、グラッドストーンを私の後援に連れてきたわけでも何でもありません。また目前には、フランスのクレマンソー氏〔ジョルジュ・バンジャマン・クレマンソー、一八四一―一九二九年、フランスの首相を二期務めた〕もいますが、いずれにせよ、若い気持の人でなければとうてい大事業はできるものではありません。これらの老政治家は、老いてなお青年の気性を失わなかった、と言うまでです。

（37）**文装的武備**　学問や芸術に関する施設、施策によって、戦争が起きないようにするという後藤新平が提唱した政策的ドクトリン。一般に、戦争が起きたときに、すぐに軍事行動がとれるように武装を手配しておくことを武備、軍備というが、後藤は、これからの時代は、直接的な武備、軍備は戦争の抑止力たりえないことを見越して、学問や芸術といった知力を備えることを「文装的」と表現し、その文装を整えることによって、戦争を抑止し、平和をもたらそうと考えていた。ともすればこれは、当時の軍人病にかかった日本人を説得するための後藤的修辞法と受け取られているが、奉仕の政治を原則とし、文化的に高くあることによって戦争を回避しようとする考え方である。

4　青年よ覚醒して起て！

陳勝呉広となる決心

私の議論は大体、以上で尽くしたのですが、さらに一言いいたいのは、なぜ今日諸君のご参集を願い、これまで述べてきたような所見を披瀝したのかということです。これについては、なお私の決心の出所を申し上げたい。

私は、果報にも明治、大正の輝かしい時代に生まれて、英明の君主にしばしば拝謁奉り、また偉大な政治家に親炙する幸いを得たので、今日身に余る幸せを享受し、平和に余生を養っています。日本国は明治維新このかた六十年に垂んとする間に、異常な進歩を見ていますが、同時に、今は大変遷期に臨んでいます。だからといって、現在のままに推移していったならば、果たしてわれわれ同様の幸福を子孫の代に受けられるでしょうか？　恐らくはむずかしい。

いうまでもなく、今日のわれわれの安楽というものは、祖先が努力したおかげの幸福です。したがって、将来のわれわれの子孫の幸福は、今日のわれわれの犠牲と努力とにかかっています。私のようなものは、取るに足らない一個の老骨にすぎませんが、祖先や先輩の献身的、犠牲的努力の跡を見るとき、自分は微力だからといって、当然の義務から逃げることはできません。そこで私のようなものも、前に述べたように陳勝呉広〔陳勝と呉広は、秦帝国に対して最初に挙兵した人。ここでは「さきがけ」の意〕の役目を勤めることを誓う次第であります。

政権獲得運動ではない

それで念のために、明白に申し上げておきたいのは、そもそも私の今回の決心の目的は、全く政権欲に由来するものではない、ということです。すなわち私は、ただ遠い将来のために生きることを望みます。手近な今日の主義主張のために生きようとは思いません。なぜならば、国家の生命は永遠悠久だからです。国民の理想は長く不朽のものだからです。こんな世界を目標としてまっすぐに進もうと試みるのですから、眼前の小さな成功失敗、小さな運不運は論ずるに足りないと考えています。

もし私が、かりそめにも政治の倫理化のために立つといいながら、一方で政権争奪に没頭して、手段を選ばず、ただ一身の栄達を計るようなことがあったら、それはむしろ非倫理、非道徳の沙汰(さた)です。私の政敵というような者がいて、どのような宣伝をして、私を毀(きず)つけようとしても、もとより歯牙(しが)にかけるには及びません。私の目的は単純です。すなわち、政界の浄化、政治の倫理化、これのみであることを諸君の前に断言しておきます。

三十代の青年を中心とする

それではその倫理化はどのようにして実績を挙げようとするか、と問われることでしょう。それについては少し述べてみたい。およそ人間が大事業を成し遂げるには、自ら（おのずか）年齢の制限があります。いかに強健な人であっても、年齢の影響を被らない人はいません。私は肉体的な意味ばかりを言うのではありません。精神的な意味からも言いたい。

歴史上から考証しても、大事業を成した人は大抵二十代から三十代の人です。今日、日本を救う真の男子は私のような六十九歳の老翁ではなく、二十、三十の青年・壮者でなければなりません。私は世間の無名の青年のために、彼らの驥足（きそく）〔優れた才能〕を伸ばせるような、新時代を作り出そうと思います。

私のようなものは、ほんの一人の露払い、道開きにすぎません。真の日本の建設者は、私らが倒れた後、その屍を乗り越えて進む無名の青年たちであることを信じて、今日の青年の奮起を絶叫しているのです（拍手）。

私はかつて、この主義を実行してみたことがあります。それは去る明治三十九〔一九〇六〕年のこと、私が最初の総裁として満鉄会社を創立したとき、自ら理事の選考に当たり、まず年齢に目安を立てました。すなわち、理事は必ず三十代の人と決めました。当時の幹部は四十を過ぎた私は別として、ほかは全部、三十二歳から三十九歳までの人でした。満洲のような植民地で、草創の仕事に従うものは、三十そこそこの人でなければならないことを信じたからです。当時、「後藤の午前八時主義」などと伝えられたのがこれです。

こんなわけですから、今回の倫理化運動を行うにしても、その中堅となり、首脳となる人物は、三十代の元気旺盛なものでなければならないと考えています。それで老人の私のようなものも、喜んでその縁の下の力持ちを自任しているのです。

いやしくも今日の青年というものは、必ずしも老人の腰巾着（こしぎんちゃく）として働かねば何もできないものではありません。閥族はいかんといいながら、その党閥の長老もすでにみな老人です。若い人というのが六十歳以上です（笑）。みな、武内宿禰（たけのうちのすくね）〔大和朝廷初期、記紀に五代の天皇に仕えたと記されている大臣（おおおみ）。長寿の臣として知られる〕の弟子みたいな者です（笑）。私が、倫理化運動の中堅を、まずは三十代の青年に求めたいと言うのは、もっとものことであるとご賛同下さるでしょう。

何も私は、青年の上前（うわまえ）をはねようとしているのではありません。昔の政党の親方は、人力車宿（やど）の親方のように、長火鉢の前に褞袍（どてら）を着て坐っておって、挽子（ひきこ）〔車夫〕の上前をはねるようなことをしていた嫌いもあります。各党創立時代はよかったが、時代が下って近来の政党の親方のやり方は、車夫部屋流であるとの誹（そし）りを免れないようです。私は、そのようなことでは政党はいけないと思う（拍手）。

一視同仁の国民運動

先刻も申したように、わが輩の眼中には、右傾もなく、左傾もあり

郵便はがき

料金受取人払

牛込局承認

9445

差出有効期間
令和3年11月
24日まで

162-8790

東京都新宿区
早稲田鶴巻町五二三番地

株式
会社 藤原書店 行

(受取人)

ご購入ありがとうございました。このカードは小社の今後の刊行計画および新刊等のご案内の資料といたします。ご記入のうえ、ご投函ください。

お名前	年齢
ご住所 〒 TEL　　E-mail	
ご職業(または学校・学年、できるだけくわしくお書き下さい)	
所属グループ・団体名　　連絡先	
本書をお買い求めの書店 市区 郡町　　書店	■新刊案内のご希望 □ある □ない ■図書目録のご希望 □ある □ない ■小社主催の催し物案内のご希望 □ある □ない

書名		読者カード

●本書のご感想および今後の出版へのご意見・ご希望など、お書きください。
（小社PR誌『機』「読者の声」欄及びホームページに掲載させて戴く場合もございます。）

■本書をお求めの動機。広告・書評には新聞・雑誌名もお書き添えください。
□店頭でみて　□広告　□書評・紹介記事　□その他
□小社の案内で　（　）（　）（　）

■ご購読の新聞・雑誌名

■小社の出版案内を送って欲しい友人・知人のお名前・ご住所

お名前		ご住所	〒

□購入申込書（小社刊行物のご注文にご利用ください。その際書店名を必ずご記入ください。）

書名	冊	書名	冊
書名	冊	書名	冊

ご指定書店名　住所

都道府県　市区郡町

ません。近頃の社会運動の流行語で、やれ右傾であるとか、やれ左傾であるとか、言います。しかし、わが輩の眼中からすれば、右も左もありません。

政治の倫理化運動というものは、自治的自覚をもって邁進する一視同仁〔親疎の差別をせずに、一様に仁愛を施すこと〕の国民運動であって、大中至正で中庸を旨（むね）とします。党派の別、階級の別はありません。かりそめにも真に日本国民の発達を願う人々は、みな、わが友であり、同志です。一人の私利を図り、一党派、一団体の利益を計る人々は、われわれの共同の敵です。ゆえに、わが輩は、この意味において、全国に同志を求めるのです。若きも老いたるも、互いに国歩艱難から救うために、諒解協力して、ただ中庸、大中至正の道を進むべきです。たとえ、この中道を歩む者を目して生ぬるいなどと言う者があっても、それは先方が左傾または右傾しているためであり、こちらはあくまでも大中至正ですから、その説に誘惑されてはいけません。

この三十年代の青年成人の力、中年壮者の力によって政党の倫理化運動を起こし、自治的自覚を促すというのがわが輩の主旨です。この時に当たっては一視同仁であり、どの党派、どの階級といって差別することを、私は考えていません。どの党派でも健全な党派が成立して革新の実が挙がり、国政をお引き受け下さればよいのである。

たとえ従来の政党が、その一部に醜い行いがあっても、責任の帰するところは、選挙人であるわれら自身にもあると観念して、誓願して政党の倫理化運動に進み、また未熟政党が成熟前に腐敗し、国家に損害を与えたにせよ、もし今、善心に立ち戻ったならば、前罪消滅として互いに協力して将来のために力を尽くし、自己刷新の政治の倫理化に導きたいのです。既成政党に対しては、破邪顕正の光に驚き、その裏面に潜んで、従来の非を飾り、悪を成そうとすることをやめよ、と忠告するのです。ましてや、その党員中に有為純真の人が少なくないので、なおさらです。

三党首訪問の真意

私が先日党派の首領にまかり出で、お願いしたときの覚書ともいうべき備忘録を、ここにいる皆さまに申し上げたい。

わが輩が、先般この決意をした後、三党首(38)を歴訪したからといって、私の言動に矛盾があるように、批評した人々もいます。しかしこれは、評者自らが従来の政党的偏見に囚われているからです。政党の倫理化は党派的偏見を脱し、無用の争いを絶つことを必要とします。したがって実際、政党に関っている人々が、いやしくも昨日の醜態を恥じ、自ら新たにしようとする志があるならば、自ら革新するのが当然の責任です。その人々がはたしてその覚悟を持っているか否かをも知らず、彼らをことごとく見込みのないものと速断して、これを敵として自分の単独行動を開始することは、国民のために、国民とともに自治的倫理的信念をもって立つ、わが輩の根本の精神に反します。

三党首は、異口同音にわが輩の主旨に賛成の旨を申したにせよ、わが輩は、はたして三党首がその言のごとく実行するか否かを、諸君とともに厳重に監視し、もし、その前言を翻すような事実が発生した場合は、敢然として立ち、国民のために、国民とともに、その非を責めなければならない、と考えています。

わが輩が三党首と会見した顛末を申し上げますと、大体こういう次第でした。

(38) **三党首** 後藤は、大正一五(一九二六)年四月一日、『東京朝日新聞』の冒頭三段抜きの記事として、「政治の倫理化運動」開始を発表した翌日、政友会総裁の田中義一、憲政会総裁の若槻礼次郎、政友本党総裁の床次竹二郎の三氏を訪問して会談し、政治の倫理化運動開始の了解を求めた。

会見の顛末

「政党の革新は、政党自らこれをなすべしという信念は、私が従来より有するところで、今日なお変わりありません。閣下もその考えでありましょう。そうであるならば、そのようにご努力を願いたいと存じます。しかしながら、非常に困難なことであるため、この一大事は私に聴いて、今初めて悟ったのではなく、早くからご承知になっておりながら、しかも実行できなかったのではありませんか」と尋ねましたところ、「知ってはいたが至難である」との答えでした。

そこで私は、「されば、千二百万の新有権者ができた今日において、政党革新を完うする道はどこにあるか、というと、選挙の際において、新有権者が自治的自覚を励(はげ)まし、金力や情実その他の誘惑によって弊害の生じないようにするほかはない。それを、従来の政党の流した病原菌に感染しないように、新有権者ならびに旧有権者の純潔分子を防護しなければなりません。その病原菌は、あなたの方で充分に消毒予防くださって、党員外の有権者に、自治的自覚と政治上の倫理観念との信条を持たせることについてご努力願いたい。もちろん、私は年来この主張で、党派の外に立って政党革新の後援者としてこのキャンペーンを始め、それによって国家に貢献したいと思います」と申したところ、三党首とも、「それは至極良いことである」と言われたのです。ことに若槻総裁〔若槻礼次郎、一八六六―一九四九年〕は、「ご鞭撻有益なり」との辞を発せられました。

この日の午後、若槻総理大臣は、新聞記者を招待していましたが、その席上、新聞記者に、私との会見の顛末を話されたところ、まさに上述のとおりでした。ところが今度、大阪に行かれて新聞記者に向かい、「ナニ余計なことだ、後藤の世話にならなくてもおれはおれでやる」と言われたそうで、私の所に、「首相のこの言は、前日、貴下に言明したことに反し、背徳の言行ではないか」と記者連が意見を聞きに来ました。私はこれを聞いて、「それはまことに結構なことで、実はそうならなくてはならないことである」と言いました。

現代の党派気分としては、そのくらいの程度が党首の党人に対する策として、適当かも知れないとあらかじめ察し、当時、三党首中にもそう言い切る人がいるだろうと思っていました。俺が俺でやるから余計なことをしてくれるな、という意気込みがなくてはならないのです。私は、これは結構なことだと思います。決していやな気はしない。全く初めは、そのくらいの挨拶をする人もあろうかと思っていました。

何を言ってもただ「賛成、賛成」では、はなはだ心許ないと思っていました。はたして先方でも、だんだん考えてみたと見えて、そういうことを言い出すまでに、考えが熟してきたのは（笑、拍手）至極結構なことである、と申したのであります。

新党樹立ではない

そこで、このたびのこの運動を目して、新政党樹立と早合点した連中からは、「なぜ既成政党を敵として、はっきり新政党を作る、と率直に表明しないのか」との詰問がたくさん来ました。しかし、この種の同情者と私との間には、この新運動を起こす根本思想に大きな隔たりがあるので、その批評はまったく的外れなものです。

私は従来、常に不偏不党の地におり、党人根性の除去を主張してきました。何も今日、第五十一議会の有様を見て初めて、倫理化と自治的自覚を提唱し出したのではありません。数十年来の所信の主張です。近年は少年団総長の任も引き受けていますから、論者のように、今日は酒、明日は餅と、別物の無縁の変化に従うものではなくて、一貫した脈絡のある向上の一路を辿っています。一時の場当りや当座勘定とは全然違うのです。

私の願うところは、どうか千二百万の新有権者が倫理観念に基づき、自治的自覚を得たときに、その新有権者が現在の政党の何れかに投票するか、または入ろうというならば、その何れの政党でも望むところのものに投票し、また入ればよろしいということです。ただし、金力や情実、その他の不正な誘惑のために曲げられないようにすればよろしい。もちろん、「私は一面で新政党を作ろうという下心があるから、その方へ出でなさい」と、そんな不正な誘惑は断じていたしません。皆様もこれはご安心を（笑、拍手）。

ただ私の願うところは、立派な政党を作って――後藤の世話にならなくても立派な政党を作って――こちらから「どうぞわれわれをあなたの政党に入れて下さい」と頭を下げて願いに行くようにしてもらいたい。それが私の他意のない公平無私な希望です。しかしながら、もし、何れの既成政党も、内部腐敗気味で、どうも行ってはみたが、旧政党に自ら刷新する力はない。健全な能力を認めるべき見込みがないから、あれもイヤだ、これもイヤだということになれば、新政党は自然に起こります（拍手）。

　そこには、「オレの方は作るが、お前はどうする」という意味は少しもない。「国民の青年に、寝ていてはいけない、覚醒せよ、とあなたはスリ半鐘（はんしょう）〔近火で続けざまに半鐘を鳴らす〕を打った。スリ半鐘で眼を覚まして、すぐに火事場に駆けつけたが、われらのみでは手が足りない、あなたも一緒に来て、水でもかけろ」ということになる場合には、私はヨボヨボでも、行ってバケツに水の一杯くらいはかけなければ済むものではない。そのとき、オレは老齢だからと言って遁（のが）れるわけにはいかない。それで、どうかそういう迷惑に陥らないようにというために、既成政党の党首にまず交渉を試み、一致の賛同を得た次第です。もちろん党首のみではありません。以上が、党員中の健全な分子にも賛同協力を願うという意味で、三党首その他を訪問した主旨の大要であります。

旧政党革新の後援運動である

すなわち、わが輩は、政治革新運動の直接の責任者は、一面には生まれつき徳の高い各政党の首領であると、考えているのであり、現存の各政党が倫理観念に基づいて平生から浄化されることを、切望してやまないものです。否、この観念浄化の希望においては、各政党の首領に譲らないと自負しております。今日、わが輩の目的は、新政党樹立運動ではなく、旧政党革新の後援運動です。ただ旧政党改善の望みなしと、国民が断念したとき、または、改革することを欲しない、または自己刷新力を失った旧政党の圧迫によって、自然に新政党が発生するようなこともあるでしょうが、これはアクシデント、すなわち偶発事件にほかなりません。わが輩は、このような偶発的結果の生ずることを望んで、この仕事を始めたのではありません。

終わりに臨みまして、私が今日唱えるところの政治の倫理化が具体的に推進する内容、手段および方法にどんなものがあるかを一言し、諸君の理解に供したいと思います。

一言でいうと、「一も人、二も人、三も人」です。すなわち純真な青年の訓練に存すると言うことです。私はかつて十五年前に、今日のようなことがあることを察したのではありませんが、未熟政党が次第に健全な成育の方向に向かわず、かえって未熟より腐敗に傾き、凋落（ちょうらく）の日に到らないことを保証しがたいと思い、その場合の予防は国政に貢献しようとするものの心懸（が）けるべきことであり、もしその努力が無益無用となった場合は、これは国家にとってまことに慶賀すべきことであろうと考え、パウルゼン（フリードリッヒ・パウルゼン Friedrich Paulsen、一八四六―一九〇八、ドイツの哲学者、教育者）氏の『政党と代議制』（冨山房、一九一二年）という本を翻訳して、出版しました。

パウルゼンの政治的闘争の四原則

そのパウルゼンが党争の浄化に関する四原則として掲げているのは、簡単に言うと次のとおりです。

一、党争は当然、誠意をもってすべし。誠実に物を考え、献身的に戦いをなすべし。
一時的な気まぐれによって真理を枉（ま）げるのはよろしからず。
二、戦闘は公正な武器によってすべし。

この点は日本古来の武士道から言いますと、深い趣きがあります。不正な手段によって戦うことを、武士は恥辱としていました。ただ勝てばよいというものではない。政治上の争いも勝てばよい、手段を選ばないというようになっては、これは政治の堕落です。この没倫理的政争を、われわれは武士道の精神に引き戻していかなければなりません。

三、敵の人格を尊重すべし。

これも日本古来の武士道においては、そのとおり行っています。高野山には、敵味方をことごとく成仏（じょうぶつ）させるために碑が立っています。これは島津兵庫守（ひょうごのかみ）〔島津義弘、一五三五―一六一九年〕が、朝鮮征伐に行って帰って来た後に建てた石碑であって、これから見ても日本古来の武士が敵の人格を尊重したことは分かります。これは、慶長年間の朝鮮の役で戦死した敵味方の菩提（ぼだい）を弔（とむら）ったものです。この石碑は、苔に蒸して誰も初めは弔う人もなかったのですが、大和の十津川（とつかわ）の洪水のときに、私が見つけて修理再建いたしましたが、その石刷りは立派なものでして、今日では人も弔うようになりました。日本では、赤十字は白人の発明のように思っていますが、この石碑を見れば、日本こそ赤十字の元祖であると言ってもいいと思います。こういうように、敵の人格を、死んだ後まで尊敬するくらいに、わが日本の武士道は発達していました。今日の政党の争いも、「その争いや君子として」〔『論語』八佾編〕やってもらいたいものです。

四、党派よりも国家全体を重んずべし。

諸君どうですか。党派よりも国家全体を重んじるべきであるということです。これを聞いて耳の痛い大和民族の一団がないように祈る、という一言は無理でしょうか（拍手）。

まずこういう四ヵ条です。

理想選挙の実例

ところが「そんな事はできない相談で、望むべくもないことである」というわけ知り顔の噂も聞かないでもありません。現に、山口県や島根県において、倫理観念に基づく傾向を示した青年の一団が、老朽党派連を凌いで、神聖な選挙に成功したという実例もあります。私は東京にいて東京を悪く言うのではありませんが、都会の堕落のみを見て、地方に醇朴なものがいることを忘れてはなりません。

「徳は孤ならず」〔『論語』里仁編〕、まず己れを正しくして進んで行けば、また相共に信頼すべき人も世の中には非常に多いので、そのような人とともに正義のために戦って行かなければならない、と思うのです。

殉教者の熱情

親鸞〔一一七三―一二六三年、浄土真宗開祖〕、日蓮〔一二二二―一二八二年、日蓮宗開祖〕、ルター〔マルチン・ルター一四八三―一五四六年、ドイツ宗教改革の立役者〕といった人は、みな宗教のために奮闘した偉人であると理解しています。この大事業をよくなし遂げることができた理由は、成敗利鈍〔成功失敗、運不運〕を顧みずに、正邪の観念に身命を賭して戦ったからこそであり、その目的を達したのです。そして高い官位や爵禄を戴いた者が必ずしも永久不変の尊敬を受けるものではありません。

わが国において、親鸞上人や、日蓮上人が道を説かれたのは、宗門の腐敗がその極に達したときで、到底このような名僧の力でも、宗教界の革正は不可能事と見えたにもかかわらず、不屈不撓の勇気をもって、ついにあの大事業を完成したのです。

また、ヨーロッパでも、キリスト教の腐敗がはなはだしかったときに、ルターが、宗教改革を叫んだ折には、「実に脱線この上もない、暴挙である」と人々は思いました。ローマ法王の権勢に対して、貧弱なルターごときに、何ができるかと人々は笑ったのです。ところがルターは、ウォルムスの町の人に向かって、「わが敵がウォルムスの家々の屋根の瓦のように数多くても、私は必ずわが目的を遂げる」と叫んで立ったのです。もし、ルターの心が、自分がローマ法王の位に上ろうという、不純なものであったならば、彼は必ず失敗したに違いありません。ところが彼は、純真な宗教改革の犠牲になろうという熱情に燃えていたので、ついにこのような大事業を完成したのです。

今や日本の政界は、利欲と権勢のために相結ぶ私党に壟断〔利益や権利を独り占めに〕されて、その権勢は、ローマ法王のように盛んであるとしても、天下正義の士が、その志を一つにして立つならば、不義の団結は、朽木のごとく仆れるに違いありません。わが輩のようなものは、その雄大な国民精神を奮い起こす口火を切る役を演じようとしているにすぎないのであります。

菅公、楠公の例

この際にあたり、わが輩がひそかに意を強くするのは、わが光輝ある日本の歴史があるからです。それは、日本人は成功失敗よりも正邪の信念を重んじる国民であることが、不滅不朽の歴史的先例によって、明らかにされています。

まず菅原道真〔八四五―九〇三年〕と楠公〔楠木正成、一二九四―一三三六年〕のことを考えてごらんなさい。天神様の菅原道真は藤原時平〔公卿、正二位・左大臣、八七一―九〇九年〕と戦って配所〔流刑地〕の月を眺めることになりました。成功失敗で論じるなら、確かに時平に負けた人です。負けたけれども、この人は正しいから、大和民族は永久にこれを崇拝し、その遺徳と霊験（れいけん）に感応（かんのう）して、いやしくも人たる者は正しい道に行こうということを、賢い者も愚な者も老いも若きも、男女を問わずみな均（ひと）しく心に念じているではありませんか（拍手）。もちろんその時の知恵の働きから言ったならば、藤原時平の方が菅原道真よりも偉かったかも知れません。

また楠木正成の忠勇義烈は千古に薫（かんば）しいのですが、成功失敗の跡は何人も問うところではなく、ただ楠公の精忠無比の信念、正義の観念を貴いとしているではありませんか。正義はすなわち成功失敗を超越し、正義が永久の鑑（かがみ）となることは、これを拠り所として考えても、ますます明らかです。足利尊氏（あしかがたかうじ）〔一三〇五―五八、室町幕府初代将軍〕が戦いに勝ち、楠木正成が敗れたその結末のようなものは、わが大和民族の正邪の観念の前には、ただ泡沫（ほうまつ）のようなものでしかありません。

正邪の観念は大和民族の生命

正邪の観念は、実にわが大和民族の生命であることを考えなければなりません。そしてこう考えてみれば、今日の党弊など恐れる必要がありましょうか。われわれ大和民族は、この党弊の矯正（きょうせい）に全力を尽くし、それによって政党の首領たちに、自ら政党を革新するのを容易にすることが、すなわち私の任務であると考えます。

私は率直に、その尽力が足りないことをここに懺悔（ざんげ）しておきます。過去において、私は怠慢でした。サボタージュをしていました。そうして誘惑に乗せられて、ますます迷路に深入りしていました。しかし、今や大いにその非を悟り、翻然として覚醒しなければならない時が来ました。そこで私はここに諸君とともに大声叱呼して、日本国民救済のために全国の注意を喚起し、かつその目的達成の心からの願いのために突進したいと考えるのであります（拍手）。

諸君、長時間のご清聴をいただいた諸君、私はここに政党政治革新後援運動の万歳、万歳、万々歳ということについて、諸君の唱和を望みます。またこのことについて、諸君が倫理化運動を是認されることを切に希望します。よって私は、ここに音頭を取る光栄を有するものであります。

「政党政治革新後援運動万歳」

（聴衆万歳を三度唱和する声が一堂を震撼し、続いて拍手が大いに起こる。聴衆の一人が後

藤子爵の万歳を叫ぶや、衆人がこれに和し、後藤子爵万歳三唱の声が大いに起こる）

皆さんご清聴をありがとうございました（拍手起こる）。

藪下吟次郎君

閉会の辞

男爵　阪谷芳郎

今晩は極めて静粛にご清聴くださり、私も司会者としてはなはだ満足しています。要するに後藤子爵のお考えによれば、今日は政党の弊がはなはだしいものであるから、せっかく定められた普通選挙法の実施を無益に終わらせてはならない、というご趣意のように拝聴いたしました。諸君とともによくこれを考えてみたいと存じます。ここに重ねてお礼を申し上げます（拍手）。

普通選挙とは——日本の選挙制度史の概略

普通選挙とは、選挙の際に、全ての成人が選挙権を行使できる選挙形式を指す。

日本の選挙制度の創設は、明治六（一八七三）年の政変の翌年、板垣退助等が起草した「民選議院設立建白書」の提出により、広く朝野に国会開設に向けた動きが興ったことを淵源としている。

建白書の提出はまた、議会の開設とともに、憲法の制定、地租軽減、不平等条約改正、言論の自由や集会の自由の保障などの要求を掲げる、自由民権運動の端緒となる。その結果、明治十四（一八八一）年、国会を開設する旨の勅諭がなされ、明治二十二（一八八九）年の大日本帝国憲法の発布とともに「議員法、衆議院議員選挙法」が公布され「満二十五歳以上、直接国税十五円以上を納める男子」が選挙権者として規定された。翌年、第一回衆議院議員総選挙が実施されている。

その後、明治三十三（一九〇〇）年に衆議院議員選挙法改正が行われ、選挙権者は「満二十五歳以上、直接国税十円以上を納める男子」と改められ、さらに大正八（一九一九）年に二回目の衆議院議員選挙法改正が行われ、「満二十五歳以上、直接国税三円以上を納める男子」と改められたが、いずれも直接納税額に制限がある規定であった。

ようやく「男子普通選挙制度」と呼べるものが成立したのは大正十四（一九二五）年のことであり、この際改正された衆議院議員選挙法で「満二十五歳以上のすべての男子」が選挙権を有することになったのである。ただし、この選挙法の改正と同時に、治安維持法の公布もなされている。

この改正法の下での初選挙は、昭和三（一九二八）年の第十六回衆議院議員総選挙として実施された。その際、有権者数は総人口の二〇%を超えたとされている。

しかし、これはあくまでも男子普通選挙であり、女性を含めた完全普通選挙の実現は、昭和二十（一九四五）年の敗戦を待たねばならなかった。

（編集部注）

普選準備会綱要——政界革新教化運動

〔附〕普選準備会準則

私が今春、政治の倫理化についての卑見を公表したのは、あえて自ら世論を指導しようとするのではなく、むしろ問題を掲げて世の人々の注意を喚起し、かつこれに対するすぐれた解答を期待したからであり、これによって普選の実行に直面して相互に準備を整えようとすることにあった。

その時以来、各地方の有志の招待に応じて東西を奔走するにあたり、心ひそかに、私の声は微小であるが、必ず反響して内的了解による自治的自覚の力によって、互いに立憲治下の国民として、崇高な義務の遂行を負うべき同感の人が得られるだろうと期待してきた。したがって、努めて外的形式をそなえて誘引するような方法を採らず、ひとえに自然に発する意思を尊重して、しずかに大勢の帰趨を窺うこととし、一事務所を借りて通信その他、日常の用務を処理するだけに止めた。

ところが近頃、各地の枢要な地位にある有志より、しきりに公民教化運動の効果を全うするために、相互連絡に便利な綱領規約を制定せよ、と促がされるにいたったのは、私の本懐とし、誠に喜ばしいことである。

当初、綱領ならびに機関組織の内容のようなものは、各地の有志団による自然の発達にまかせ、総てその地方の協定に待つことが妥当であると信じていた。しかしながら現在、各地の有志が急ぎ要望されることは、また理由がないとは言えない。そこで、ここに大綱を草し、その要望に酬いようと思う。

一、普選準備会設立の要義
二、政治の倫理化について
三、普選準備会綱目
四、普選準備会準則
五、普選準備会準則の補註

大正十五年九月　普選準備会事務所において

後藤新平　識

一　普選準備会設立の要義

四季の移り変わりは、大自然の法則である。国家に悠久の生命がある理由は、自然が万物を育てて宇宙をつくりあげ、常にその内容を新たにするからである。もしこの道理をわきまえず、昔の人が作った法を墨守するだけで時代とともに移ることがなければ、禍は不測の事態として起こることは歴史が証明している。

おもうに、わが日本民族が、建国して以来、ともかくも侵略を受けずに、今日の社会を生み出すことができた理由は、わが祖宗や先輩たちが、よく自然の法則を理解し、会得して、時代の変化に順応することができたからである。

明治の維新以来、年を重ねること五十九年。わが日本は今や再び国民が大決意をなすべき時期に至った。内にあっては普通選挙法の実行、外に向かっては新たな世界政策樹立の必要性が、眼前に迫ってきた。万一にも今日の、日本国民にとっての制度や政策が適切でなければ、百年後に、臍（ほぞ）を噛（か）み続ける恐れがある。

なぜ、新たな世界政策樹立の必要が、目前に迫っていると言うのか。それは、日本の内地で、年々増加する七十五万の人口は、国内政策だけでは、とうていこれを養うことができないからである。このような人口増加が、日本における現下喫緊の社会問題であることを知るのに、智者を待つまでもない。ところがなぜか、日本の上下（じょうげ）の人々は、眼前の小策に時間を費やして、この必然の国難を救おうとしない。そしてその救う根本策は、これを日本の世界における地位の改善に求める以外にない。これこそわれわれが、日本は新たな世界政策樹立の緊要が迫っていると叫ぶ理由である。

ところが、このように切迫した内外の情勢に対し、国内政治の実情は、はたしてどうであろうか。今さら私の多言を要しない。次の諸問題を問えば明らかである。

「第五十一議会の光景は、はたして日本国民の名誉であるのかどうか」

「このようなものを選良〔選ばれた優れた人、代議士の美称〕とし、このようなものを為政者として仰ぐのは、はたして日本民族の光栄であるのかどうか」

「このような内外の事情は、もともと、どこにその源を発しているのか」と。

これに対する解答もまたすこぶる簡単明瞭で十分である。

「日本の選挙界が腐敗しているためである」と。

憲法が布かれて四十年。日本の立憲政治は、はたして、明治大帝が欽定憲法を下し賜った叡慮に十分に応えているか。しかも、日本はまさに新選挙法を制定して、普通選挙を実現しようとしている。過去の三百万の有権者の失敗は、今後新有権者一千万の増加により、果たして、正すことができるのか。旧有権者の全てに見識がなかったわけではない。旧代議士がことごとく敗徳者であったわけではない。日本の立憲政治がこのように低下したのは、国民が未熟党派の催眠術にかかって覚めず、極端な党利党争の弊を受けて、自らの努力が足りなかった結果である。

ところが、普選の実施が目前に迫った今日において、われら国民が今なお安閑としてその成り行きを坐視している現実は、国運の危機を傍観する不忠不実の行為でなくて何であろうか。

日本国民は、今や一大決心をして、自ら根治療法を施さなければならない疾患に冒されている。しかもその病巣は党派それ自体にある。政党革新の機が迫り、党派が自らの刷新の実現に苦悩する現在、私自身がもし政党政治革新の後援者として起ちあがらなければ、新たな日本を建設し、世界にそびえ立つ雄大なヴィジョンは永久に失われるであろう。

選挙界の浄化、政治の倫理化は、日本国民の眼前に迫った喫緊事である。私は同志とともに、断然、身を挺してこの大業に着手しようとする。私は既成政党が相互に攻撃したり、いたずらに政府に反抗したりするやり方を支持するものではない。ただ国家社会に奉仕しようとする一念から出るのみである。

天下の同憂の士よ。願わくば私の切なる思いを受け止めて、この挙に賛同せられんことを。

二 政治の倫理化について

私がここに政治的教化の新運動を起こすに当たって、どうして、ことさらにこれを政治の倫理化と題したのか、一言これを弁明する必要があると思う。そもそも倫理観念の緊要であることは、あえて政治に限らない。経済、法律、教育、一切の社会的活動が、いずれもその基礎を倫理道徳の原理に置くべきであるのは異論のないところである。しかしながら今日の日本において、特に倫理観念の欠如を痛感させられるのは政界である。それゆえ、私はその主力をまずこの点に集めようと欲したのである。そして、そのいわゆる政治の倫理化の主旨がどこに存するかを明らかにするため、四月二十日、東京市青山会館において、私の主張の概要を発表したのである。以上はすこぶる広汎にわたり、一般の理解には不便であることを憂え、さらに以下の四則を摘記し、私の精神を全国に訴えようと思う。

(一) 政治は奉仕なり

孟子は、梁(りょう)の恵王(けいおう)に向かって、

「王何ぞ必ずしも利を言わん、また仁義あるのみ」

〔王はどうして利を言う必要がありましょうか。国を治めるにはただ仁義があるだけです、『孟子』梁の恵王篇 上〕と言った。これが政治の根本観念である。

ところが近代、わが国においては、西洋の科学文明を誤解して、「人間は

利を求めるもの、人生は物質を主とするもの」と考えている。その思想は政界を風靡(ふうび)して、俗悪な実利主義と事大(じだい)主義〔弱者が強者に無批判に従う態度〕との観念が、一般国民を害している。しかし、西洋文明の根本には理想主義がある。日本文明の伝統的精神も、理想主義である。

日本の現代の各方面の行きづまりは、この浅薄な実利主義の結果である。人間活動の動機は個人の物欲である、と思い巡らし、これを巧みに操縦することが政治の妙諦(みょうてい)〔神髄〕であると考えるあいだは、真実の国策は起こり得ない。

政治の根本精神は「社会民衆の福祉のために奉仕することである」という観念が、満天下の信念とならなければ、真実の政治は興らない。

「政治は力にあらず、奉仕なり」との観念に基づいて行動せよ、ということが、政治の根本精神である。

（二）選挙の腐敗を匡正せよ

俗悪な実利主義政治の最大の弊害は、選挙の腐敗である。金力による選挙、情実による選挙、権力による選挙、これら一切の誘惑は、国家を危機に導く罪悪である。

ことに近く実施されようとする普通選挙が、このような腐敗手段によって実行されるならば、国家を救済する道は永久に失われるであろう。倫理観念に基づく政治は、このような一切の罪悪を敵として挑戦する。日本民族発展の大事業は、まず選挙の革正に始まらなければならない。

（三）大経綸を樹立せよ

実利を目的とする政治は、一時を糊塗する目前政治に堕する。しかし、正義を目標とする政治は、国家民衆の幸福を期待する永遠の大経綸の樹立に専念する。

現在の日本の政情はどうであろうか。年々七十五万の人口増加と、内地産業の不振とは、危険な思想と不安な世相とを現出したのではないか。これに対し、わが国の朝野に果たしていかなる根本政策があるのか。

現在の日本の外交はどうであるか。目の前の文書外交に没頭しているあいだに、日本は世界の落伍者となりつつあるのではないか。これに対して、現代の政治家は、果たして、真剣に憂慮しているのか。

しかもこのようなことは皆、倫理観念に基づかない政治が当然に陥る究極の袋小路である。

(四) 青年よ奮起せよ

永く同一職業に携わる者は、因襲の捕虜となる。無為にして年齢を加える者は、保守退嬰(たいえい)〔しりごみして、ひきこもること、進んで新しいことに取り組もうとする意欲に欠けること」の風にとらわれる。そしていずれの時代にもこれが社会国家を沈滞させる大原因となる。したがって、古来、行きづまった社会現象の打開刷新は、民衆、ことに多くの場合、青年の力によった。専門家（職業政治家（プロフェッショナルポリティシャン））は旧習に縛られ、素人（しろうと）（職業政治家（プロフェッショナルポリティシャン）以外の有識者（アマチュア）実業家（ポリティシャン））は生き生きとして活発である。老人は経験に囚われ、青年は奔放自由である。今日の実利的な世に満ち溢れている弊風は、いわゆる専門家と老朽者とによっては、とうていこれを一掃することができない。

　したがって、政治の倫理化運動の勇者は、純真な青年に求めなければならない。私のようなものは、すでに七十に垂ん（なんな）とした老骨である。ただわずかに青年の志を失わないでいると信じるのみ。私は単に、政治の倫理化運動の烽火（ほうか）を挙げた一先駆者にすぎない。

　天下の無名の青年よ起（た）て。立って、第一線に倒れた私の屍（しかばね）を越えて進め。諸君の奮起によってのみ、新日本の再生は期待されるのである。

三　普選準備会綱目

一　本会は、政治上の教化運動であって、政党政社ではない。

二　本会は、現実的功利的な観念が、現在の政界を風靡（ふうび）するという実状に照らして、倫理的情操をわが国の政治運動の中核としようとする。

三　本会は、近時議会の行動に国民の信望を失うものが多く、勢いの赴くところ、あるいは議会否認の思想を激成することを憂い、政治の倫理化の運動によって時弊を矯正（きょうせい）し、それによって立憲政治を擁護しようとする。

四　本会は、新選挙法による第一回の選挙がわが国政治史上の重大時機であると信じるので、国民の政治的良心の覚醒を図り、公正な有権者と純真な**青年男女**〔太字―編集部〕との奮起によって、政界の浄化を実現することを期する。

五　本会は、国民的運動であって、党派の別がなく階級の別がない。ゆえに左傾でも右傾でもない大中至正の中道を進み、それによって適切な手段を考究ならびに実行しようとする。

六　本会は**成年以上の男女**〔太字―編集部〕であって、政治の倫理化を信念として、自治的自覚に精励し、それによって神聖な帝国憲法に殉ずる決意あるものを会員とする。既成政党員であって前項に賛意を表し、会員になろうとする者はもとより入会を拒まない。

七　本会は国民の自発的運動の結晶であることを期するので、いやしくも会員であるものはことごとく本会の設立者であるという意気があることを要する。

四　普選準備会準則

一　会　名

第一条　本会はこれを何々普選準備会と称する（地名を冠させる）

二　目　的

第二条　本会は政治道徳の向上を図り、および新選挙法実施後の選挙を清浄にするため、公正な見地に立って適切な方法を考究ならびに実行することを目的とする

三　会　員

第三条　本会の主旨に賛成し、入会金一円を納める**成年男女**〔太字—編集部〕を本会会員とする

本会会員であって通信及び出版物の配布を望むものは、毎年金二円四

十銭を納めるものとする
本会会員であるものには会員章を交付する、ただし会員章の釈義ならびに佩用心得は別にこれを付す

四　事　務　所

第四条　本会の事務所を　　　に置く

五　事　　業

第五条　本会は第二条所載の目的を遂行するために、左記事項を実行する

一、各地の講演
二、政治教化の映画
三、定期及び不定期印刷物の刊行
四、模擬国会の討議
五、政治の実際を監督および批判するために当局者に対する進言
六、新聞雑誌上の意見発表

七、その他本会の目的遂行に必要となる適切な措置

六　役　員

第六条　本会に左記の役員を置く

会長、一名　顧問、若干名　幹事、若干名　会計監督、一名

評議員、若干名

七　役員選挙任期

第七条　本会役員は会員中より適切に任期を定めてこれを選挙する

八　業務執行方法

第八条　本会の事務は、第六条所載の役員会においてこれを執行する

第九条　本会会員であって本会の目的に反する言行ありと認めるときは役員会の決議により本会会員名簿より除名する、ただし必要な場合にはその住所氏名を新聞紙上に広告することができる

第十条　本会は同一目的をもって組織された各地の会と提携して本会の目

的達成のために必要な方法を講じなければならない

付　記

本会の名称ならびに役員は一律に右規定によらず各地方の状況により定めてもよい、なお創立の際には委員制を設けても差し支えない

備　考

一、各地に普選準備会が設立された後、これらが相互の連絡を図るため東京に普選準備会連盟本部を設ける計画であるが、当分の間、普選準備会相互の通信を掌り、かねて連盟成立までの便宜を図るために仮に中央事務所を東京市麹町区内幸町一丁目三番地(1)に置く

二、各地より入会申込者が多数あるので、この際、便宜上右中央事務所においても入会申込を受けその手続を終えておき、後日その地方に普選準備会成立の場合、その会員として右名簿を引継ぎ、同時に各人の入会金の内、金七十銭をその地方の普選準備会に還付する

（1）東京市麹町区内幸町一丁目三番地　当時後藤新平が会頭を務めていた日露協会の所在地である。

五　普選準備会準則補註

準則はその名のように大体の輪郭を示すものであって、地方機関はそれぞれの実情を考慮し、その経費は各自独立を根本義とする。ゆえに例えば、

一、地方機関の役員のごときは必ずしも初めより、会長その他を置くことを要せず、もっぱら実際の便宜に従い、現に団体をまとめて創業に従事する人を推して、ただちに会務に当たらせてもよい

なお会長、幹事として地方の名望家、成年有力者、実力の顕著な人を得るまで臨時委員に委任するのも皆、便宜にまかせることができる

一、入会金一円中三十銭は徽章ならびに諸般の印刷費郵税等に充当するため、当事務所に納入するが、残り七十銭はその地方の将来の活動費に使用するはずであるので、すでに当事務所に受納した入会金中、地方の費途に向けるものは、その地方団体の成立を期として該当する団体に還付する。ただしその収支一切は、所在機関において厳格に取扱うものとする

一、当事務所は中央仮設機関として、通信その他日常の用務を処理するために置いたにすぎないが、各地方有志中、いち早くすでに入会金を送付された向きも少なくない。本来ならば準則公表前にかかわるものは一応返還すべきであるが、便宜上しばらく当事務所にその全部を保管し、追って地方機関の成立を待ちこれを返還することとした

一、各地方独立団体は入会者五百名ないし一千名程度に達した時に成立すべきであるので、従来少数特志者より加盟申し込まれた向きは、この際

新たに独立団体成立に達する程度に同志を得ることに努力されることを望むが、もし一時にこの実現が難しい場合には、各県有志は随意に当事務所に入会を申し込まれてさしつかえない

一、各地方より本年十月を期して東京に連盟大会を催そうとの申し出もあり、必ず実行の運びになるだろうと確信する。実現の場合ともなれば、当事務所も勢い中央連盟本部の形体を具える必要が生ずる、これらはもっぱら各地方機関と相呼応してだんだんその歩みを進めることとする

以上は補註であるが、その一部にすぎず、ただ現に各地方有志より頻繁に来た質疑に対する応答と見なすことができれば、多少の便宜があるだろう

切取線

入会申込書

貴会ノ趣旨ニ賛同シ入会申込候也

大正　年　住所

月　日　氏名

年　月　日生

職業

普選準備会御中

少年団服をまとった後藤新平

親愛なる少年団盟友諸君

少年団日本連盟理事長　伯爵　二荒芳徳(1)

今回後藤総長閣下が最近の国情を深く慨嘆され、政治の論理化について、自ら堅く決心されるところがあって、先日来あるいは諸政党の領袖と面会して遠慮なく所見を闘わせ、あるいは公会の席上において自己の所信を発表されましたことは、諸君が新聞紙上においてすでにご承知のことと思います。

ところが新聞の伝えるところは必ずしも一様ではなく、中には総長は直ちに新政党の樹立に向かって努力しようとするもののように、誤って憶測しているものもあります。これは大変な間違いであり、私が先日親しく総長にお目にかかりましたとき、総長の憂国の至情に燃えるお話を委しく伺いましたが、詮じ詰めれば従前より少年団に対して尽瘁〔自分の労苦を顧みることなく、全力を尽くす〕された意義を広め、国情の大勢に照らしてこれを二十五歳以上の新有権者千二百万人に及ぼすため、別に新運動を起こされたものと解すべきです。必ずしも既成政党の打破とか、新政党の組織とかいうような趣意ではなく、既成の各政党自らも革新すべき時運に切迫していることを感じている次第ですから、総長の意思は、かつて少年に向かって不偏不党、義務を尽くし責任を全うする良習を涵養するために倫理観念を主として、各々自ら忠実にその努めに励み、自治的に自覚せよと諭されたのと同様に、訓練教養の精神力をさらに政治方面に注がれようとすることにほかならないと承りました。したがって総長の新運動は、大にしては国家のため、小にしては我が少年団のために、深く感謝しなければならない次第であると存じます。

総長は今日存在する各政党の種々の弊害と、一般政界の実情とに対しては、かねがね、とても憂慮されており、到底こんな状態では、太平洋岸に世界的大使命を有する日本の将来は誠に寒心に堪えられない、そこで、その革新のすこぶる急要であることを覚られ、一死なお辞せずの決心で、終生を国家のために捧げようとする熱烈な信念が湧き、ここに政治の倫理化を高唱し、猛然と起たれるにいたったのです。

そしてこの政治の倫理化は、総長が今日、事新しく首唱されたのではありません。すでに十五年前における著訳もあり、自治の自覚とともに久しく鼓吹して来られたところであって、少年団訓練に努力されることも、つまりはこの意義の現われにほかなりません。すなわちわが帝国に、明治大帝の国民にお与えになった憲政の美果を真に結ばせようと希う努力です。すでにこのような信念で決起された以上は、まず既成政党の革新を遂げ、将来健全な革新政党の誕生することを促がすために、自ら種を蒔き、培養することに終始する人となられたわけです。これ故に総長は、決して今日にわかに新政党を樹立して、他の諸政党と相争うようなことはなさりません。今日のご奮起たるや、少年団の健児精神の根本主義である「備えよ常に」の精神から、精神的向上の一路を辿るために、自ら国家社会に対する分担、もしくは義務を遂行しようとされる確信から出たにほかなりません。これゆえに総長は、依然として社会教育者中の先覚、はたまた青少年指導者としての先駆を自任し、ご活動を継続されているのですから、総長がその社会的分担において、国家のためにお尽くしになるように、少年団健児はお互いに各自の分担に従って、同じく君国のために努力精進することがますます必要とされます。

世上伝えるところはまちまちですから、あるいは盟友諸君が多少の疑惑を起こすかもしれないと思い、ここに総長と面会した際の所感を述べる次第であります。

大正十五年五月

（1）**二荒芳徳**　ふたらよしのり、一八八六—一九六七年。愛媛県生まれの政治家、官僚。伯爵。日本体育専門学校（現日本体育大学）校長。のち日本体育大学名誉教授。伊予宇和島藩第九代藩主伊達宗徳の九男、伊達九郎として生まれ、二荒芳之伯爵の養子となり改名した。歴任した役職は、静岡県理事官、宮内庁書記官、式部官、東宮御所御用掛、厚生省顧問など多数。

宣言
右宣言ス
来賓席

政治倫理化運動の一周年

後藤新平

一周年を迎えて

昭和二年四月十六日　於青山会館

諸君、この夕べに、このように多数の皆様のご清聴が得られるのは、まことに光栄のいたりです。会としては、昨年の四月二十日にこの青山会館で、政治の倫理化を提唱して以来、早くも一周年を迎えることになりました。そして再び、ここに皆さまにご参集頂く機会を設けて、卑見を申し上げ、皆さまのご批判を仰ぐこととなりました。

ことに、昨年は最初の会合ということもあって、講演者は私一人で、阪谷男爵に司会をお願いいたしました。今回もまたお願いしたいと思ったのですが、ご多忙な方なので、ご遠慮申し上げ、永田君(1)と自分がその司会者の役目を果たし、講演を澤柳博士(2)、新渡戸博士(3)にお願いすることになり、ただ今まで、諸君とともに、有益なご高説に接していたところで、私は講演者と来場者の皆さまに対して、深く感謝を申し上げます。

これから私は、昨年以来の経過の実績について、皆さまにご報告申し上げようと思います。

きっと昨年ご来会された諸君も、今この席にお見えだと思います。ご同情くださる諸君におかれては、いろいろとご親切に、これまでの経過と実績についていて、ご心配くださったことだと思います。心から皆さまに感謝を申し上げるとともに、予定以上の成績が得られたことをご報告申し上げます。その数値は以下のとおりです。

（1）**永田秀次郎**　ながたひでじろう、一八七六―一九四三年。官僚、政治家、俳人、随筆家。寺内内閣の時、内務大臣となった後藤新平の下で警保局長となる。また、後藤が東京市長となった時には三助役の一人として登用されている。大正十二（一九二三）年には後藤の後を継ぐ形で東京市長となり、震災復興にも尽力している。後藤が亡くなるまで、後藤の側近として仕えた。

（2）**澤柳政太郎**　さわやなぎまさたろう、一八六五―一九二七年。文部官僚、教育者、貴族院勅選議員。大正六（一九一七）年、後藤新平が、長野県出身者を集めて創設した「通俗大学」に参加する。白鳥庫吉を満鉄総裁の後藤に紹介したのも澤柳であった。

(3) **新渡戸稲造** にとべいなぞう、一八六二―一九三三。農業経済学者、教育家。後藤民政長官によって台湾総督府に招かれて、糖業政策を推進した。また、後藤の欧米視察にも同伴して、練達の語学を駆使して後藤を助けた。英文の『武士道――日本の魂』の著者として海外でも知られ、一九二〇年から七年間、国際連盟事務局次長を務めたことでも知られている。

普選準備会事業成績一斑

（当日来会者に配布した計数）

自：大正十五〔一九二六〕年四月二十日

至：昭和二〔一九二七〕年四月十日

一、会員現在数　**二五一、五六七名**

一、講　演（但し、大正十五年十二月十七日より昭和二年二月十日まで

は〔大正天皇崩御のため〕謹慎した）

回　数　二百六十回

講演時間　三百九十時間（約）

旅　程　三万四千三百六十六哩（マイル）（約）〔約五四、九八六キロメートル〕

講師として出演した者

後藤新平、澤柳政太郎、永田秀次郎、宮尾舜治、長尾半平、丸山

鶴吉、小林丑三郎、鶴見祐輔、伊藤長七、石井満、澤田謙、作田

高太郎、森下國雄、鈴木正吾、豊田豊吉、山田忠正(4)

右のうち**後藤子爵一人の分**

回　数　百八十三回

講演時間　二百五十四時間（約）
旅　　程　一万六千百八十三哩（マイル）強〔約二五、八九三キロメートル〕
日　　数　百四十四日（即ち平均、隔日で出演）
一日平均旅程　百十二哩〔約一七九キロメートル〕
聴　　衆　三十五万名（約）

一、印刷物
パンフレット1.（普選準備会綱要）二十万部
パンフレット2.（政治倫理化運動の第一声）二万部
パンフレット3.（普選に備へよ）十二万部
リーフレット1.（政治の倫理化につきて）四十万枚
リーフレット2.（普選準備会設立の要義）四十万枚
政治の倫理化（講談社発売）**百二十七万部**

内百二十五万部　講談社扱

二万部　　　事務所扱

講談社の広告（全国全新聞一頁）

新聞社数　百二十二社

発行部数　一千万部（約）

雑誌（キング、現代、雄弁、講談倶楽部、婦人倶楽部、婦人の友等）三百五十万部（約）

合計一千五百九十一万枚に「**政治の倫理化**」という文字が現われた。

〔附記〕講談社発売の「政治の倫理化」は日本の出版界において、真に未曽有の第一位の記録であるが、これを継（タテ約六寸〔約一八センチメートル〕）につなげれば**七十六万二千尺**〔約二三〇、八八六メートル〕即ち**富**

士山の約六十倍）束ねれば（厚さ約二分〔約六ミリメートル〕）**二万五千四百尺**（〔七六九六メートル〕）即ち**丸ビル**(5)**の二百三十倍**）以上となる。

（4）後藤新平、永田秀次郎、澤柳政太郎を除く、ここに列挙された人物の生没年や簡単な属性等は以下のとおり。宮尾舜治（みやおしゅんじ、一八六八―一九三七年、官僚、外地行政官、政治家）、長尾半平（ながおはんぺい、一八六五―一九三六年、官僚、鉄道技術者、政治家、教育者）、丸山鶴吉（まるやまつるきち、一八八三―一九五六年、内務官僚、政治家、教育者）、小林丑三郎（こばやしうしさぶろう、一八六六―一九三〇年、官僚、衆議院議員、経済学者）、鶴見祐輔（つるみゆうすけ、一八八五―一九七三年、官僚、政治家、著述家、後藤新平の女婿）、伊藤長七（いとうちょうしち、一八七七―一九三〇年、教育者）、石井滿（いしいみつる、一八九一―一九七七年、出版人、教育学者）、澤田謙（さわだけん、一八九四―一九六九年、評論家、伝記作家）、作田高太郎（さくたたかたろう、一八八七―一九七〇年、衆議院議員、文部官僚、弁護士）、森下國雄（もりしたくにお、一八九六―一九七五年、衆議院議員）、鈴木正吾（すずきしょうご、一八九〇―一九七七年、政治家、ジャーナリスト）、豊田豊吉（とよたとよきち、一八九〇―一九四三年、政治家）、山田忠正（やまだただまさ、生没年不詳、右翼思想家）。

（5）**旧「丸ビル」**　一九二三（大正十二）年、桜井小太郎の設計で東京駅前に建てられた「丸ノ内ビルヂング」のこと（地下一階地上九階）。当時国内最大のビルであり、「東洋一のビル」といわれた。

補足事項

ただ今ご紹介申し上げた数点について、ちょっと註釈をさせて頂くことで、一場の講演に代えさせて頂こうと思います。

次に、計上した各項目から抜けている事項を一二点補わせて頂こうと思います。

各地で発会式を挙げた普選準備会は、既に二十三団体あります。すでに成立した団体は八十九あるのですが、順次にこれらの組織を整えているところです。まだ発会式を挙げるに至っていない団体が六十六あります。私は、七、八県以外は各地方を巡遊したのですが、今後は発会式を行おうとしている地方から順に、まわって行くことにしようと考えています。また、今や各地方の有志から、東京で第一回大会を開催すべきである、という勧告が来ており、今、それを考慮中です。

普選準備会成立までの経過——政党政治の倫理化に向けて

当初、私が遊説を試みて以来、普選準備会が成立するまでの経過を皆さまに説明しておきます。

最初に私がこの会館で公表した意見については、皆さまのご批判を受け、その批判が真であると思えば、私の言葉が尽くされていないところや、その意が行き届いていないところを補って、完全を期したいと思っていました。当面は非倫理的な未熟な政党政治を倫理化することで、民衆の幸福に寄与することを切に希望するとともに、もしまた、私の意見に偽りがあるということとであれば、それを完膚なきまでに打破してくださることを切望していました。実にそのようなつもりでしたから、反対者の意見でも、かえって真価を明らかにする糸口となるかもしれないと思い、敬聴していましたところ、はじめは誤解していた意見でも、次第に正しい理解にいたることもありました。つまり、この倫理化運動において私は、反対者に足を向けて寝ることはできないという覚悟で進み、その反響はどうかと考察してみました。すると、全国各地の青年たちは、われわれを後援するから、私に中心人物となって、大々的な組織を立ち上げるべきだという、切なる勧告が次から次に起こりました。

しかしながら、その中には、党派運動と教化運動を混同した人が少なくなく、中央に本部を設け、地方に支部を置き、未熟な党派運動のように人々を誘惑していると懸念されるかも知れない行動を起こそうとする者が多かったのです。そのため、当初、その辺の理解を誤ってはいけないと思い、適正な理解を得ることに苦心しました。

この点については、幸いに地方の純真な青年たちの正しい理解を得るようになりました。その他、私の心中を理解せず、ある者からは、「ナニ、後藤はあんなことを言っているが、あれは偽善で、つまり新政党をつくるための前駆的行動であろう」と疑われました。しかし、それが全くもって彼らの誤解であることは、先ほど永田君が述べられた通りです。それは本来別物で、「政治の倫理化」はどこまでも政治の教化運動であり、終始それで一貫するものであります。

今や幸いにして、なにか他人のためにするところがあり、ことさらに曲解を試みる者はともかく、このことは帝都を初め、各地方とも、大方の諸賢の理解を得るにいたりました。

しかしながら、同感同好の人々は、寄り合い、助け合い、共にこれに協力するようにしなければならない、という勧告があり、それも極めて道理であると思ったので、普選準備会を立ち上げることになったのです。

そうして、この普選準備会員は、先に数字を示したように、二十五万余りの多数に上ることになったので、これを徐々にと整頓していく事を考えております。この会員が互いに寄り合い、助け合って協力するための便を図るには、相応の組織を必要としますから、一、定の徽章を選び、入会金を徴収することにしました。この入会金は一円〔現在の貨幣価値で二〜三千円か?〕として、そのうち七十銭は、地方会が成り立つときには会員一人毎にこれを返し、会費に充てます。残る三十銭は徽章代として東京事務所で受け取ります。只今ここにご参集の諸君の中には、徽章をお持ちのお方もありましょうが、これがその徽章です〔襟にかける徽章を指す〕。この徽章を渡したのが、これまで整理のついているところで五八、五〇〇組です。ただし、入会金は、地方自治を主とするものですから、必ずしも一円と限る必要もないので、それらはその地方の自由に任かして宜しいと思います。

遊説行脚の要領

次に私の行脚の要領を申し上げます。

この行脚の目的は、卑見を聞いて頂くことにありますが、実は、私が公人として、現在、皆さんが胸に抱いている不安と〔同じものを感じています。〕特に、第五十一議会、第五十二議会[6]の光景は、いかに雄弁な人でも、いかに文章が巧みな人でも、きれいな言葉でこれを語り、これを記すことができないような実情でした。これらの議会の光景を忠実に写した写真が、もし世界の議会政治の写真展覧会に陳列されることになったら、皆さんをはじめとする日本国民、つまり大和民族の面目はいったいどうなりましょうか（拍手）。

この時に「俺は知らん」「わが輩の知ったことではない」「俺の選んだ議員はそんな事はしない」「自分たちの党派には関係がない」等と言って、逃げ口上ですませることができるでしょうか。自分だけ平然として、これは〔立憲〕

政友会[7]が悪いのだ、憲政会[8]が悪いのだ、〔政友〕本党[9]が悪いのだ、衆議院そのものが良くないのだ、と他人のことのように言って、うそぶいているだけではすまないと思います。実際には、各人に皆責任があります。もちろんこのようにいう私にもやはり責任がある、と深く自覚しています。もっとも私の〔衆議院に議席を持たず、政党に所属していない〕立場で、衆議院を「実に堕落して困ったものだ」と他人行儀に貶(けな)しても、恐らく大抵の人は通してくれます。「そういうが、あなたは少し違っておりはしないか、あなたの責任はどうだ」と言って詰(なじ)られることはありません。「あの衆議院の墜落はどうだ」と言えば「そうだ、そうだ」と言って賛成してくれるでしょう。

けれども、言うまでもなく、衆議院と貴族院は帝国議会として一国のオルガニスムス即ち有機体であります。一つの身体と同じであり、これを例えれば、中風で半身不随になり、右の手が利かなくなったとき、「ふだん器用に誇り顔に働くが、茶碗一つ持てないじゃないか」と左の手が笑って言ってすむものでしょうか。私は貴族院に終身の議席を戴いていまして、事態がこのようになってしまったということについては、何かわれわれが尽くすべきところに足りない部分があったのではないか、また、将来尽くさなければならないことがあるのではないか、と反省し、それが確かにあることを懺悔して、高邁な教えを仰ぐ便宜を開くために、この行脚の旅を続けたということをご了承願いたいのであります（拍手）。

次に、地方の人心を読むこと。これもこの行脚の主眼としたことでありました。現在、政治思想の大勢を知るには、これが必要と考えました。また、全国の政治思想が、どのような状況であって、各々の人が、どの程度の自覚を持っているかを試験することが、政治の倫理化問題の課題であったことも、皆さんにはよく理解して頂きたいところです。この反動がどうかは、すなわちわが国民が普選に堪えることができるかどうか、という試験の及落を決定する基準となります（拍手）。この及落が定まるとともに、大和民族の禍福が岐（わ）かれるところとなります。

（6）**第五十二議会**　第五十一回帝国議会については、「政治の倫理化」の注（2）（本書三〇頁）を参照。第五十二回帝国議会、一九二六（昭和元）年十二月二十六日～一九二七（昭和二）年三月二十五日。松島遊郭疑獄と朴烈事件に関連して、野党の立憲政友会と政友本党が若槻内閣弾劾上奏案を議会に提出し、紛糾した。昭和二年三月十四日の衆議院予算委員会で蔵相の片岡直温が「渡辺銀行が到頭破綻を致しました」と発言したことを発端として、昭和金融恐慌が表面化することになった。

（7）**政友会**　田中義一総裁が率いる野党。この後藤の演説の四日後、一九二七（昭和二）年四月二十日、田中に大命が下ることになり、内閣総理大臣となり組閣した、これにより政友会は政権与党となる。

（8）**憲政会**　若槻礼次郎総裁が率いる政権与党。一九二七（昭和二）年六月一日、政友本党とともに解党し、合同して立憲民政党を結成した。

（9）**政友本党**　一九二四（大正一三）年、立憲政友会から分離して結成、床次竹二郎総裁が率いる野党。

普通選挙の負担

この普通選挙の負担に堪えることができるかどうかについて、一言申し上げておきます。今晩、諸君に対してそんなことを申し上げては申し訳ないとも思いますが、私が最も畏敬する名士諸君や、将来の日本を担う青年諸君がお見えになっていますから、一言ここで言及したいと思いますのは、憲法発布の勅語[10]には何と仰せられているか、ということです。皆さまはよくご承知のことで、私が、「何とありますか」と問うのも失礼ですが、会場外の人たちに、皆さんからついでの時に、ご伝言を願いたいのです。即ち「此ノ負担ヲ分ツニ堪フルコトヲ疑ハサルナリ」と憲法発布の勅語の終わりにこの一句があります。そして、その少し前に「我カ臣民ハ即チ祖宗ノ忠良ナル臣民ノ子孫ナルヲ回想シ其ノ朕カ意ヲ奉体シ朕カ事ヲ奨順シ云々」と仰せられています。

ここに「此ノ負担ヲ分ツニ堪フルコトヲ疑ハサルナリ」ということは、義務を尽くし、責任を全うしてくれるものである、とわれら臣民をご信頼あそばされたお詞(ことば)であると私は拝察します。しかしながらわれわれは、ことに選挙に関して、このご信頼に副い奉るようなものであったでしょうか、なかったでしょうか、また、このご信頼は、第五十一議会、第五十二議会のようなものであったでしょうか、ということについて、一度心に省みると、私どもは実に恐懼の至りに堪えないのであります（拍手）。

（10）**勅語**　明治二十二（一八八九）年二月十一日、大日本帝国憲法が発布されたときの勅語。

地方の民心

それでもちろん、党派自体の反省を視ることも、地方行脚の目的の一部でした。また、新旧有権者の覚醒はどうかを知ることにも努めてきました。これについての詳細な報告は、他日に譲りここでは簡略に述べます。またひとまずこのような目的をもって行脚をしたということを申し上げておきます。

各地方の民心は、一、二の例外は別として、だいたいにおいて、とても真面目で真剣なものであったということが、間違いなく認められました。ことに青年諸君には最も旺盛な真剣味があります。

その人たちの中には、私に、ぜひ中心人物となってやってくれないか、と要望する人が、至るところで、少なからずありました。これに対して、私が何と答えたかというと――ここで一言、それを示した方が、私の行脚の概要をご推察頂くのに便利だと思うので、あえて言いますが――その答えは、「私は地方の青年ならびに昨日の自分に飽き、今日は思案中で、明日の自分を新たに創造しようと苦心している、覚醒した老紳士のご賛助をこうむることを最も光栄の至りとします」というものです。一応はそのように答えますが、この言葉だけでは、とくに純真な青年に向かってのものとしては、はなはだ不満足です。それで「この七十の老爺を中心人物に頼むなどと言うような、頼り甲斐のない青年なぞは、犬に食われて死ねばよい（笑、拍手）、というくらいに、青年の自主的自治に望みを託しているのだ」とこう申したのです。

口はわざわいのもと、赤裸々に言ったために、一時、非常に多くの地方青年の感情を害することになってしまいました。しかし、さすがは末頼もしい青年です。自ら悟るところがあったとみえて、最近に至っては、これらの地方青年のなかには、自ら奮起して、まず会員を募り、会を組織し、発会式を行い、それによって新たな空気を作ろうとする者がとても多くなってきました。

さて、この他に申し上げたいことは、要するに、政党の進歩は、世間の進歩、ことに経済の進歩と比べて、非常に遅れていることはおそらく争うことのできない事実です。決していたずらに政党を非難するものではありませんが、ここは大いに、各政党とも省みて改善してほしいと思います。

そして、今や議会と民心は、ほとんど無関係、没交渉です。また、議員は国民の思想を代表するものであるということは、その名はあっても、事実が少しもそれに伴っていない、ということは皆さんもご承知のとおりですが、私は地方行脚、地方巡遊のうちに、このことを如実に確認しました。

小冊子『政治の倫理化』が果たした貢献

次に、「政治の倫理化」という言葉、また「自治的自覚」という言葉についてです。最初は難解だ、難行だと案外盛んに話題にされ、また、「政治の倫理化」とはいったい何だ？　というような風潮でしたが、今や日本全国津々浦々に至るまで、それが何であるかについては、あたかも南無妙法蓮華経のお題目や、南無阿弥陀仏の念仏と同じように、何の意味かは知らないが、南無阿弥陀仏、南無妙法蓮華経と唱えさえすれば、地獄に行かないということを皆が知ってきました。また政治の倫理化ということは、政治を悪くすることではない、ということだけは理解されてきました。空念仏が真念仏になる（拍手）ように、このことは諸君に申し上げるためではありませんが、会場外の人たちに、諸君からそのことを伝えて頂くことは、これまた無量の功徳だと感じるのであります（拍手）。

またこの小冊子『政治の倫理化』なるものは、もとよりその修辞の巧妙や文章の出来については、何の自信もありませんが、それが真を語っていることについては、自ら信じて疑いないことです。世間が不安の極みにあるためか、速やかに救いを求めようとする動きが急で、「渇する者は飲を為し易し」（『孟子』公孫丑編）となり、予想外の頒布を見ることになりました。その数字は、先ほど諸君に示した印刷物にもあるとおりで、一二七万部にも達しています。このように多く頒布された事は、ここにいる皆様に感謝の意を表しておかなければならない責務があると信じますので申し上げます。またこの頒布については、実は大日本雄弁会講談社の野間清治[11]君が非常に努力くださいました。

野間清治君自身は、自分は雑誌報国の念をもって立っていますが、「政治の倫理化」は実に現代の救世福音として必要なことだから、全力を尽くし、犠牲的に加勢しようといって努力されたのです。このようなことは、言葉を聞くより、その実行において示され、私は初めてこれを見たのです。この力があってこそ、一二七万部も売れることになりました。

そしてこの事は、単に政治の倫理化を追求したばかりではなく、私たちの文化に対して、倫理観念、報国心に基づいてやる方法の見本を作ることに至ったのは、野間清治君の力でして、実に快心の一事です。これによって諸君がご承知のように、出版物の大量生産、出版物の廉価販売、出版物の革命的、画期的時代をもたらしてくれたことは、これまた、わが大和民族の文化上における一大貢献であると言わざるを得ません。

（11）**野間清治**　のませいじ、一八七八―一九三八年。講談社の創業者であり、元報知新聞社社長。「雑誌王」とよばれ、昭和時代前期の出版界を牽引した。

真の忠孝とは——若槻首相の『国民に訴ふ』を批判する

『政治の倫理化』が誘因となったのかどうかは知りませんが、最近、若槻首相[12]の『国民に訴ふ』という著書も出ました。ある人が、これを一冊携えて来て、それを示して言いました「この本を読んで、若槻首相の最も尊敬すべき点は、忠孝正義進歩は、昔の箴言であるとしているというところにあります。しかしながら、首相のいわゆる忠孝の解釈には、疑わざるをえないものがあります」と。私も尊敬を払って拝読いたしました。忠孝正義進歩の名目、ここまでは結構でしたが、私の尊敬する首相ともあろうもののために、非常に遺憾に思うところがあります。

私が首唱する政治の倫理化の立場から、さらに一言追加しなければならないことを遺憾に思うのであります。諸君、幸いにここでお聞きくだされば、幸甚です。

若槻君の忠孝は、「人は生まれながらにして父母の保育を受け、やや成長すれば君主の恩を受けるのであるが」と説き起こされています。実にこのような一句に彼の忠孝――否、忠がありますが、それでは、その忠が疑われるこの一句を、皆さまはどう聴かれますか？「人は生まれながらにして父母の保育を受け、やや成長すれば君主の恩を受けるのであるが」これで忠孝を説かれては、倫理はめちゃめちゃです（拍手）。そして、その父母に対する純真な性情が孝となり、君主に対する純真な性情が忠となる。これが自然の根本であると説かれていますが、そこには何の異存もありません。

しかし、真の日本国民は、やや成長すれば君主の恩を受けるものなのでしょうか？　生まれながらに祖先以来わが君主の洪恩〔広大なめぐみ〕を受けているではありませんか。それなのに、やや成長してから、役人になったり、月給を貰ったりする時から初めて忠になるものでありましょうか？（ノウノウ拍手）これがもし私の誤解であれば結構です。誤解であれば、私はいつでも卑見を取り消しますが、若槻君の教えによれば、国民の忠は、このような間違った考えになりはしないかということを、私は憂えるのです。やや成長すれば君主の恩を受けるのではなく、親の代から君主の恩を受け、否、祖先の代から君主の恩を受けている。憲法発布勅語の末文にも「我が臣民は即ち祖宗の忠良なる臣民の子孫なるを回想し」と仰せられています。

また、わが国においては、名は君臣にして義は父子である、という勅語もあることは、無論諸君の明らかにご記憶されているところです（拍手）。にもかかわらず「人は生れながらにして父母の保育を受け、やや成長すれば君主の恩を受ける」と非倫理的な毒素、さらに不純分子を含むこの筆法で政治をやられては、政治の倫理化は到底成立いたしません（拍手）。

これは多分、筆記の誤りではなかろうかと私は思います（拍手）。あるいは、私の頭が悪くて誤解しているのかもしれませんが、ご一読された方のご訂正、または著者その人の訂正を得ることができれば、私の幸福のみならず、国家民人の幸福であると私は思います（拍手）。

この議論において、私は、未熟な政党政派の人のように、言葉の立つ限り自分の過ち（あやま）を飾ってこれを弁護し、言葉の立つ限り敵を攻撃し、破壊し、もって党利の守本尊とし、秘訣とし、それで党派催眠術の優劣を競うものではありません（拍手）。故に、私の解釈に誤りがあれば、直ちに改め、改悛するに吝かではないのですが、私の解釈は間違っておらず、多くの人がこれを閲読して、私と同じような考えに至ったのではないでしょうか。もしもこれに反して、やや成長すれば君主の恩を受けるものだということになっては、わが帝国の国体をどうしたらいいのだ、ということになります（拍手）。決して私は事を好むものではありませんが、この事は諸君と共に深く考究する必要があると信じます（拍手）。もちろん未熟政党のように、詭弁催眠術を守本尊として、ここで自分の倫理化の主張のために云々しているのではありません。

ただし私は、国政の倫理化、国民の自治的自覚に迷惑が生じはしないかと疑い、真実これに疑いをいだくために、この憂いを分かつには、今日ご参集頂いた諸君に願うほかないと思い、心からの憂いでこのような言葉が出てきたのです。そのようにご承知ください（拍手）。

（12）**若槻礼次郎**　わかつきれいじろう、一八六六―一九四九年。島根出身。大蔵官僚、政治家、内閣総理大臣（第二十五・二十八代）。一九一一年、後藤が桂太郎とともに訪露した際、共に随行。一九二四年、加藤高明内閣の内相として、普選法と治安維持法を成立させた。一九二六年、加藤が死去すると憲政会総裁となり、第一次若槻内閣を組閣した。

教化運動としての「政治の倫理化」

次に、昨年中この教化運動は、各教化団体、各宗の管長をはじめ、各種の有力者、または丁酉（ていゆう）倫理会(13)のような倫理学の諸賢に教えを請い、全国中学校長の諸君にもご協力を請いました。また、各種関係する男女青年会等にも協力を請いました。このように有力者と相会して、政治の党派運動と政治の教化運動との別を明らかにし、普選に直面して民心の了解を求めました。成年以上の男女で、政治の倫理化を信念とし、自治的自覚に精励し、神聖な帝国憲法に殉ずる決意がある者を会員とすることで、教化団体の成立を期したのが、普選準備会であります。既に、〔参政権がない〕女性のなかに会員として入会する者があるのは、これが党派運動ではないことを明瞭に示しています。このこともまた、皆さまのお耳に達しておく必要があると思います。

この運動の目的がどこにあるかというと、近く普通選挙が実施されることから、誘惑によって選挙を妨げないようにすることです。すなわち、権力、金力、情実のために良心を曲げて選挙をするようなことがあれば、これが政党の腐敗、議会の堕落、政府の弱点が生ずる原因となることをおそれたからです。

(13) **丁酉倫理会** 日本で最初の倫理学研究会。一八九七(明治三十)年に姉崎正治、大西祝、横井時雄、浮田和民、岸本能武太らが設立した丁酉懇話会を母体として、一九〇〇年に発足した。月一回の研究会や講演会を開催し、さらに全部で五三五集にも及ぶ講演集を発行した。

「国難来」を悲しむ

諸君、私は今から四年前に「国難来(こくなんきたる)」と叫びました。この国難は、国の内外から来るのでして、必ずしも日蓮上人の蒙古襲来を学んだわけではありません（拍手）。この内外より「国難来」の言は、今日にいたってやや至言となって、その言に偽りがないことを証したことは、私の光栄のようですが、実に悲しむべきことではないでしょうか（拍手）。

私は徒らに声を大にして「国難来」を叫んだわけではなく、事がここに至ったのには諸多の原因があって、その病的発作を見るに至ることをおそれたからです。中国の動乱、ロシアの赤化運動の影響、わが議会の弱点、またわが政府の弱点——しかし人間は皆弱点があるものです。必ずしもこれを私は党派の外に、また政府の外に立っているからといって、党派を責めるという念をもって一年の行脚を行ったわけではありません。

また、政府を責めているのでもありません。この印刷物（会場で頒布したリーフレットを指し）に書いてあります。現に「政治の倫理化」に明かなる標語を記しています。その言葉は言い尽くせていないところがあって、文学に長じた方は、お嗤いになるかも知れませんが、意のある所をご了承下さることを切に希望いたします。

即ち「既成政党の腐敗を救え」「帝国議会の堕落を救え」「経綸なき政府に雄大な国策を与えよ」、これらの標語は、政治の倫理化を首唱する私が言うのではなく、各民人が憂いとするところ、また希望するところにしてその邁進すべき指針であります。

自治の自覚――国民自身が自らを任じることを願って

さて、どうして救うかといえば、この新旧の有権者たる国民自身が政党、及び政府の救世主をもって自らの任とすることにあります。この自ら任とするとは、各人が総理大臣として、純真なる政党の総裁としての自覚を有することです。この有権者が選挙をする時に、いやしくもこの自覚があって、すべての誘惑に遭わないとなれば、この救い主となることは非常に容易です。

しかしながら「既成政党の腐敗を救え」というと、政党にとってはいやな気がします、「帝国議会の堕落を救え」というと、私たちが作った議会の堕落ですから、自ら快よく感じませんので、「の腐敗」「の堕落」の各三字を削った方がよい。

また「貧弱なる政府」とか「経綸なき政府」とか言っても、政府はわれわれの政府であるから、こういう字を取った方が宜しいでしょうが、注釈に便宜が良いから腐敗、堕落の文字を冠し「経綸なき」という字を入れたものとご了承を願います。これが即ちわれわれが努力しようとしているところで、徒らに政党を責め、議会を呪い、政府を怨む、というのは、私が政治の倫理化を唱えるところの本意ではありません。ですから、この儀をよくご了承してくださるようお願いします。

彼の悪しきは我の悪しきなりです。とは言うものの、「貴様自身はその責があるから、そうかも知らんが、俺たちはそうではない」とおっしゃる人がないとも限りません。しかし、議会の光景を写した写真を、かりに万国の議会の写真展覧会に出したとすれば、大和民族は皆一様に不面目になります。自分は清浄であるという人だけは除外例になるというわけにはいきません。まあ、この場だけは責任のない一、二の方を見逃がして上げましょうが……、この意義で、とくとご了解を願うことを、どうか会場外の人にご伝言してくださるよう、希望します。

政治の秘訣

昔の人は「政治の秘訣は人心の弱点に乗じるにあり」と申しました。これが即ち政党が迷路に入る始まりです。ここに「政治は力なり」という誤解まで生じるのですが、私は西洋に昔からあったこの「政治の秘訣は人心の弱点に乗じるにあり」という諺（ことわざ）を、「政治の秘訣は人心の弱点を補うにあり」と修正したいと思います。このようにして初めて「政治は力なり」でなく、「政治は奉仕なり。サーヴィスなり。ご奉公なり」ということになるのが、即ちわが大和民族の特色であるということを、ご了承願いたいのであります（拍手）。

さて、先刻も申しましたように、政治の倫理化とは、このように普及して参りましたが、私が言っていることは決してむずかしい事ではありません。あまりにも非倫理になったから、当たり前にしようではないか、というのが政治の倫理化であります。そもそも政治は金本位よりも人間本位、心本位にしようではないか、人間味のあるようにしようではないか、ということです。あまりに非倫理に、すなわち度外(どはずれ)に傾いたから当然(あたりまえ)にしようではないか、と相談しているのです。

普通選挙への対応とその先へ――ご婦人の質問に答えて

私は学者でありませんから、倫理化の講釈はしませんが、私のいうことは非常に当たり前なことであるということを、会場外の人にお伝え願いたい。ことに先刻ご報告申したことの残りを補っておくと、最近、京都、大阪、名古屋に仏教の婦人団体ができまして、京都に三十六団体、大阪に三十二団体、名古屋に十八団体あります。そのご婦人の間で連合会が起りまして、政治の倫理化について一場の講演を聴きたいという希望があったので、私が出向いて話をしました。京都では六十人ばかりの集りになり、講演後にその幹部というべき京都のご婦人が、「政治の倫理化は必要であると思うから共鳴する。

それから自治的自覚ももっとものことであると思うから共鳴する、しかし、一体普選準備会という名はあなたがつけたのか知らないが、はなはだつまらない名前だと思う。何故なら、今〔衆議院の〕解散があれば、明日までで会の生命がなくなる、たとい順調に経過しても、来年五月には生命がなくなる。政治そのものに対して努力する団体が、これではいかにも不吉でもあり、また、高遠な理想を欠いているものではないか」と質問くださいました。

この質問は、いかにももっともであると考えると同時に、このご婦人方は、いかに会について「インテレスト〔興味〕」を持っておられるか、ということを肯定するに足ると考えました。そこで私は、これに対してこのようにお答えしました。これは普通選挙に直面しての急務を説いたものであります。

そもそも政治の倫理化は、教育の倫理化、社会の倫理化、経済の倫理化、家庭の倫理化——先ほど、澤柳博士が言われました各職業の倫理化もあります。――いかなることにも人生において倫理の要素が含まれているのですから、政治の倫理化は普通選挙の投票問題一つには止まりません。しかるにこの問題が今眼の前にあって、従来の三百万の有権者の間に生じた病毒が、一千万以上の新有権者に伝染するか否かで、国家の禍福が分かれる所ですから、各人互に誡(いま)しめて各自の義務責任を自覚して選挙に臨むことが、万般の政治の浄化の本(もとい)であると考えたので、今は専らこれに力を尽くすのです。

しかしもし、後日に及び、せっかくわれわれは共鳴したけれども、あれは後藤に誑(たぶら)かされたということであったならば、その時は本年五月限りに止めた方がよろしい。けれども、これは決して止めるべきことでないから、効果があったらどうにかしなければならないということになるはずです。その時は、必ず自治研究会なり、自治団なり、自治党なりが起るはずだから、その節はまた皆さんの力によって、自治的婦人の浄化団体が起るということが望ましく、まことに結構なことだと思います。

たとえば、これは火の用心と同じ事です、いったい、火の用心は夜回り、消防、夜警の規則條文を作っただけで、立派に行われるものでありましょうか。ここに家庭の主婦、その他の力が寄り集まって、自治警察を自任(みずから)じ、真の自治的向上に助力する人があって、初めてその効果を見るのと同じく、わが立憲政治も、ここに自治の力を借りなければならないという事は自然の勢(いきおい)ですから、それらのことについてご協力下さることを希望します。

といって了解を求めたところ、大いにこれに賛成して下さいました。

自治警察について

なお、私は自治警察のこともちょっと述べました。自治警察というのは、警察官の剣が長過ぎるから、五寸か一尺くらい縮めて下げよ、という意味ではありません。自治警察をそのように考えて、剣を縮めた方が善いというのは、昔の警察官に対する反抗の言葉で、現在の警察官は昔のような人とは違います。要するに自治警察とは、各人おのれを誡め、おのれを慎み、警察官の姿の見えない所でも、おのれを欺かない行動をなす、「その独を慎む」[14]ことを意味しています。

普選の実行に当たってもわが会員たる青年諸君が、自治警察に努力されれば、必ずや選挙違反根絶の美事を成し遂げることは疑いないと考えます、とこの様に話しました。そうすると、それならば普選取締の諸法令についての講演を聴いて、家庭と政治の倫理化を聴いて、父兄郷友を検挙の不幸から免れさせることに自分達が努力するということが、最も宜しいことであるという話もありました。この梗概談〔話の概要〕は他日に期さなければなりませんが、ひとまずこのようなわけでありました。

要するに、以上申し述べたように、政治の倫理化は、すでに全国に普及の端緒は見えたのでありまして、ここにこれまでご来会くださった諸君に謝すべきもの、またその他の諸君に謝すべきものも、すくなくないものがありますが、今後の完全な功績はこれを他日に期さなければなりません。いまだ前途遼遠であります。どうか各位には、直接間接にご援助を賜わらんことを切に希望して止みません。長くご静聴を得ましたことを感謝いたします（拍手大いに起る）。

（14）**その独を慎む（慎其独）**　『礼記』の「大学」や「中庸」にある語句であり、儒教の徳目の一つ。

〈解説〉

後藤新平と西郷隆盛をつなぐもの

新保祐司

一　新型コロナウイルス禍と後藤新平

後藤新平が、最晩年に情熱を傾けて展開した「政治の倫理化運動」は、その背景に「大正デモクラシー」の末路としての政治の腐敗・堕落があった。『日本の百年』（全一〇巻　ちくま学芸文庫）の第六巻「震災にゆらぐ」は、大正末から昭和初期を扱っているが、その第三部は「デモクラシーの苦悶」と題されている。「政党政治」は「苦悶」していたのである。

後藤は、普通選挙の実施を控える中で有権者の自治的自覚を目指して、まず大正十五（一九二六）年の四月、東京の青山会館で講演した。その講演は、小冊子『政治の倫理化』として百二十七万部刊行された。本書は、それを元にしたものである。

戦後七十五年を経て空洞化した「戦後民主主義」の中で、政治の無倫理化ともいうべき状況になっているが、それに新型コロナウイルス禍という苦難も重なっている。そういう国難の中での本書の刊行は、まさに時宜を得たものと言うべきである。ほぼ一世紀前の講演であるが、とかく歴史を短く考えがちな日本人にとって、長い時間を踏まえて物事の過去、現在、将来を考察することは、今日のような、まさに百年に一度といわれる文明の深刻な危機の時代には特に必要だからだ。

後藤新平は、改めて言うまでもなく、明治から昭和の初年にかけて活躍した「大政治家」である。安政四（一八五七）年に生まれた。明治三十一（一八九八）年、児玉源太郎台湾総督の下で民政局長（後に民政長官）となり、台湾の近代化に努め、明治三十九（一九〇六）年には、初代の満鉄総裁となる。その後、逓信大臣、内務大臣、外務大臣などを経て、大正九（一九二〇）年、東京市長。大正十二（一九二三）年九月一日の関東大震災の直後、内務大臣となり帝都復興院総裁を兼務し、大規模な復興計画を立案した。政界引退後は、東京放送局（現NHK）初代総裁、少年団（ボーイスカウト）総長を歴任し、昭和四（一九二九）年に七十一歳で死去した。

　後藤新平は、長引く新型コロナウイルス禍の中で、改めて注目されている。それは、日清戦争後の大量の帰還兵の検疫を見事にこなしたことや、台湾の新型コロナウイルス対策がうまくいっているのも、後藤の近代化政策によるところも多いとみなされているからである。

　この人物には、単に「大政治家」と政治家に大の字を冠しただけでは収まらない「思想家」としての深さがあった。現代から見て、「時代の先覚者」としてとらえられるのもその故であるが、今回の新型コロナウイルス禍という苦難の中で、後藤新平という人物の今日性は一段と高まったといえるであろう。

二　『国難来』

優れた業績を多々挙げた後藤新平の栄光の生涯の掉尾を飾るものが、「政治の倫理化運動」である。この運動を開始したのは、前述したように大正十五（一九二六）年の四月からであるが、その背景には、「国難」が来ているという危機意識があった。

関東大震災から半年後の大正十三（一九二四）年の三月、この年の一月に内務大臣兼帝都復興院総裁を免じられ下野した後藤は、東北帝国大学に招かれて学生たちに向かって講演をした。それは、翌月私家版の小冊子『国難来（こくなんきたる）』として出版されたが、これがほぼ百年の時を経て、令和元（二〇一九）年の秋に復刊された。

これに示された後藤新平の危機意識は、一世紀後の今日の世界と日本を見通しているかの如き透徹したものである。この講演の前文で、時局に対する率直な意見を述べることに対して、友人たちからもう少し言葉に衣をかぶせてはどうかと助言されたし、自分としても言いたいことも言わずに沈黙している方がより利巧な処世術であることを知ってはいるのだが、「私の胸の底には」「かくすればかくなるものと知りながら、やむにやまれぬ大和魂の意気がなお存しておる」のだと言っている。この「かくすればかくなるものと知りながら云々」は、いうまでもなく吉田松陰の辞世の歌である。

後藤新平は、明治維新のとき、すでに十一歳であった。この世代には、幕末維新の精神が生き生きと残っていたのである。後藤の生涯を貫いていたものは、「大和魂の意気」といってもいい。さらに、後藤は「私の胸の底には」と言っている。この言い方は、私に高見順の『わが胸の底のここには』を思い出させる。後藤という政治家の「胸の底」にあったものは「大和魂の意気」であり、高見順という文士の「胸の底」にあったものとは、或る意味で対蹠的なものともいえるが、「胸の底」にあったことは同じである。およその「政治家」の口にする「大和魂」は、「胸の底」にあるのではない。表面的なものにすぎない。この「胸の底」があるところに、後藤新平という人物の深さと魅力があるのだ。

菊池寛が総合雑誌『文藝春秋』の企画として「座談会」というものを考案したのは、昭和二(一九二七)年であるが、第一回は、「徳富蘇峰氏座談会」であり、第二回が「後藤新平子座談会」であった。その年の四月号の「編輯後記」で、菊池は「四月は後藤新平子にお願いした。此の人を措いて現在の政治家では、我々が行って話をききたい人はそう沢山ない」と書いている。

この菊池寛という人間通は、後藤新平に「政治家」を超えた魅力を感じていたのである。「胸の底」のある人物だと感じ取っていたのであろう。この座談会の出席者は、菊池寛、久米正雄、近松秋江、岡本一平、鶴見祐輔、山本有三である。この作家や漫画家などの多彩な顔ぶれの中にいて、後藤の存在は魅力を発揮している。

三　西郷隆盛と後藤新平

その菊池寛の『文藝春秋』に、後藤新平は、「西郷吉之助に会った話」という文章を寄稿している（同誌大正十五（一九二六）年六月号）。この短い文章は、後藤新平の精神をよく示していると思われる。

「明治四年ごろであった」と後藤は、回想している。後藤は、丁度、十五歳で、太政官の少史、荘村省三という人の食客になっていた。朝は伴をして見送り、午後はお迎えにいって、ついて帰ってくるのが役目であった。

暑い七月の晴れた日のことであった。いつものように伴をしていくと、和田倉から坂下門へ行こうとする辺りで、向こうから、大男が伴を一人つれて歩いて来たのである。荘村少史は、下駄を脱いで、下駄の上に足をあげて、お辞儀をした。これは、土下座の代りにする敬礼であった。後藤は、次のように書いている。

すると、むこうから来た大男は、荘村少史の方をむいて、ニッコリ笑って、

『お暑うござんすな』

といって、すたすた行き過ぎた。自分は、ぼんやり主人の後に立ったまま、不思議な男だ、不思議なお辞儀だ、と思っていた。すると荘村少史が、

『西郷吉之助』

と、自分の耳にささやいた。

　自分は、はっと思って、過ぎゆく大男の後姿を見送った。そのとき西郷さんは、薄色の背割羽織（せさき）に、短い袴、下駄ばきという姿で、大小を指し、両手をぶらりと、さげていた。大男で、色は九州人としては白い方だという印象をうけた。大きいハッキリした眼に、愛嬌があった。太い眉毛が、いまも眼に残っている。お暑うござんすな、といったときに、非常な懐し味があったように覚えている。（中略）

　それから間もなく、西郷さんは、薩摩へ帰ってしまった。それが、西

郷さんの東京引上（ママ）であったのである。この邂逅は、まことに瞬間のことであったが、小供（ママ）心に自分は、生涯忘れられない印象をうけた。

それから、台湾の民政長官になった折、内務大臣が弟の西郷従道であったので、この話をしたことを語った後、次のようにこの文章を結んでいる。

> 人間の記憶というものは、不思議なものだ、ほんの瞬間の邂逅であったが、自分は今日まで、忘れられないような印象を持っている。西郷さんという名を聞くごとに、荘村少史の土下座の礼を思い出す。そして、
> 『お暑うござんすな』
> といった、飾りのない挨拶が、今でも耳に残っている。

後藤新平は、「明治の精神」の中で、特に西郷隆盛の精神に感応した人であっ

た。そもそも、近代の日本人を見るときに、その人間が西郷隆盛に感応した（あるいは、感応できた）人間かどうかは極めてクリティカルな点である。内村鑑三の『代表的日本人』がとりあげた五人のうち、最初が西郷隆盛であった。この西郷論は、「おそらく汗牛充棟もただならぬ西郷論のうち、もっとも熱烈純粋な讃美をささげたもの」（橋川文三）である。その橋川文三には『西郷隆盛紀行』という名著がある。

三島由紀夫には、「銅像との対話」という上野の西郷隆盛像との対話の形式をとった極めて重要な西郷論がある。それはまた、三島自身を語ったものであった。江藤淳も、最晩年の作品が『南洲残影』であった。このように、西郷隆盛の「偉さ」というものが分かるかどうかが、近代日本の本質をとらえているかどうかのメルクマールなのである。

そういう意味では、後藤新平は、西郷隆盛を「瞬間」に見抜いたのであり、その「瞬間」に西郷隆盛から電流のように伝わって来たものを、「生涯忘れ」

なかったのである。いってみれば、後藤新平は、西郷隆盛を引き継いで明治・大正・昭和と生きたともいえるのであり、後藤の理想、あるいはヴィジョンに貫かれた政治家人生は、根本的にはこの記憶から来ているのだ。この「瞬間」の黙示を、後藤は裏切ることはなかった。

　この文章の中で、注意をひかれるのは、「それから間もなく、西郷さんは、薩摩に帰ってしまった。それが、西郷さんの東京引上（ママ）であったのである」という件である。西郷が、この後、西南の役で、近代日本の主流に対して「異議申し立て」をしたのに対して、後藤新平も、最晩年になって、近代日本の主流となった政党政治の腐敗・堕落に対して、「異議申し立て」を行ったのである。それが、「政治の倫理化運動」の根本的な動機である。単なる政局的な運動なのではなかった。

四　「政治の倫理化運動」

後藤の言う「国難」とは、他国からの侵略のみを指すのではなく、「平和の仮面をかぶって、ぢりぢり寄せ来る外患や、制度の美装にかくれ人情の弱点につけ込んで、徐々に国民の肉心をむしばむ内憂」にこそある。そして、「真に恐るべきは、目に見える敵国・外患ではない。国難を国難として気づかず、漫然と太平楽を歌っている国民的神経衰弱こそ、もっとも恐るべき国難である」と喝破している。

この厳しい指摘は、今回の新型コロナウイルス禍以前の日本の精神的状況にもそのまま当てはまるようなものである。しかし、このコロナ禍によって、日本人の精神も、軽薄から重厚になってきているように思われる。それは、後藤の言説が、より広く、かつより深く受け止められるような土壌が形成されてきているということでもあろう。

後藤は、「最大級の国難として挙げざるをえないのは、政治の腐敗・堕落である」と慨嘆しているが、この「政治の腐敗・堕落」の状況に向けて、後藤の「政治の倫理化運動」が開始されたのである。

鶴見祐輔著『正伝　後藤新平』の最終巻、第八巻は、『「政治の倫理化」時代　一九二三〜二九年』である。その第六章の一節が、「倫理化運動」であり、そこには、この「政治の倫理化運動」ついて、詳しく記されている。

まず、四月二十日、東京の青山会館で第一声の講演会が開かれた。「四千に余る聴衆をもって立錐の余地もなかった」という。そして、講演は「ほとんど三時間におよぶ」ものであった。

この講演で、後藤は、政党が目前の党利党略に没頭し、数の民主主義に堕していると断じ、「今の政治家なるものは、政権欲に急なるため、日本の国際間に於ける地位の上下などは一切失念して居るのではないかという感が、諸君の脳裡に生じは致しませぬか」と問いかけたが、そのとき、万雷のような拍手が堂を揺るがしたという。今日でも、そのようなことが起きるであろう。

そして、「私の主張する所のものは、どうか党派争にのみ没頭するようでなく、少しく心眼を開いて静かに大局を見て頂きたい、ということである。即ち第一に日本の日本―我を知ること、第二に世界の日本―彼を知ること、第三には日本の世界―即ち我を知らしむる、ということに到達するように、此三箇条を深く心に銘して段々其の功を収めて貰いたいのであります。希くは諸君記憶せよ」と訴えたのであった。

青山会館での講演の後、全国から講演の依頼が集まったという。『正伝 後藤新平』には、次のように書かれている。

この国民的反響に感激したる伯は、病余の身をもって、決然全国行脚の途に上った。その後一年間に伯は、一万六一八三マイルの行程を重ね、一八三回の講演をした。講演時間は二五四時間に上り、旅行日数は一四四日、すなわちほとんど隔日に壇上に立っていた。その聴衆は三五万人と註せられている。まさにグラッドストーンのミッドロシァン・キャンペーンに比すべき大活動であった。否、その時期の長くして、旅行の困難であった点からいえば、遥かにこれを越えている。思うに短き日本の立憲政治史において、かくのごとくに熱烈に、かつ継続的に実行せられたる民衆運動は、いまだ嘗て見られなかったであろう。

そして、この運動は、青山会館での演説を印刷した小冊子『政治の倫理化』の販売に展開するのである。全国の書籍小売店および煙草小売店にまで頒布した。

鶴見祐輔は、この「倫理化運動」の節を、次のように結んでいる。

政治倫理化運動の日本遊説は、伯の思想を民衆に伝播するというよりは、後藤新平という人間を、国民の脳裡に深く刻んだ運動であったのである。そうしてそれは、伯が七十三年の生涯における最後の民衆運動であったのだ。

この「政治の倫理化」の中で開陳されている「伯の思想」は、『西国立志編』を愛読した青年時代から一筋に後藤新平の生涯を貫いているものであり、晩年になって出て来たというようなものではない。この「政治の倫理化」という講演の意義は、明治・大正・昭和と政治の苛烈な現実の世界を生きて来た人間が、「政治の倫理化」という理想に一身を投げ打って取り組んだことにある。それは、遠く西郷隆盛の「異議申し立て」につながっているのだ。十五歳のときに出会った「西郷吉之助」との約束なのである。それを、最晩年に後藤新平は、果たしたのだ。そこに人間としての後藤新平の真髄がある。

「はしがき」には、「余が本運動を初めるに当たり、心中深く決したるところは、老軀を理想の祭壇に捧げて、広く天下に同感の士を求めんとするにあった。」とか「これによって年老いたる余は、日本の政界に新しい公人としての宣戦を為したのである。余が往くべき途は、ただ前進あるのみ。」とかの口吻には、西郷隆盛の蹶起の残響が聴こえるような感じがする。

後藤新平は、「政治の倫理化運動」で全国行脚した後、昭和二（一九二七）年十二月に『道徳国家と政治倫理』を上梓した。この運動の政治哲学的な背景をまとめたもので遺著ともいうべきものであるが、この十章から成る本の第九章は、「敬天愛人」なのである。やはり、ここでも西郷隆盛を出して来るのだ。その中で、後藤は、次のように書いている。

明治維新の大業を完成せる、大人格者にして大政治家たる西郷南洲翁の遺訓中に『道は天地自然の道なる故、講学の道は敬天愛人を目的とし、身を修むるに克己を以て終始せよ』と云ふ言葉がある。更に又た『道は天地自然のものにして、人は之を行ふものなれば、天を敬するを以て目的とす。天は人も我も同一に愛し給ふ故、我を愛する心を以て人を愛するなり』と云ふ言葉がある。而して又た『廟堂に立ちて大政を為すは、天道を行ふものなれば、些かも私を挟みては済まぬものなり、いかにも心を公平に操り、正道を踏み広く賢人を選挙し、能く其職に任ふる人を挙げて政柄を執らしむるは、即ち天意なり』云々と訓へてある。実に南洲翁は常に天道を以て心とし、天に事へ天を奉じ、天の道を行ふを以て精神とし、政治とは即ち天の道を行ふの業であると云ふ信念に生きた大人格者であつた。天を敬ふを以て心の体とし、天の心を体して普ねく全人類を愛し、万物を愛する大仁大義の道に生くるに努力した大政治家であつた。此の敬天愛人の精神は、実に政治倫理化の根本精神である。政治の原理を談じ、理想を知らんとするには、此の敬天愛人の精神を味得するを要する、更に政治の理想を実現するには、自ら敬天愛人の精神を身に体得し、実践し、人格化する修養を要する。

この「敬天愛人」への深い共感と「政治の倫理化」も結局、「敬天愛人」に通じるという説を読むと、改めて後藤新平と西郷隆盛が人間的にもよく似たところがあったように思われる。

本書には、二荒芳徳の「親愛なる少年団盟友諸君」も収められているが、晩年の後藤新平は、「少年団」にも打ち込んだ。『正伝　後藤新平』には、次のように書かれている。

晩年の伯に訪客が、最近の御事業はと聞いたとき、伯は即座に答えた。
「主として今やっているのは少年団だ。」
伯にとってはそれほど大切な少年団であった。

私が、かねてより後藤新平の肖像で、最も心打たれているのは、少年団の制服を着て、微笑しているものである。いかにも「大政治家」然とした肖像写真は、後藤の本質を現わしていないように思う。夏目漱石は、二葉亭四迷について、彼は作家でもないし政治家でもない、新聞記者でもない、ただ一人の人間が立っていたようなものだ、というようなことを書いているが、この後藤新平という不思議な人物は、近代日本に「ただ一人の人間」として「立っていた」のである。それを、この少年団の服を着た肖像は、はっきり感じさせる。この制服について、鶴見祐輔は、次のように書いている。

伯はこの少年団の制服が大好きであった。少年団の行事に参列するときには、必ずこれを一着した。団服には幹部服と健児服とがあるが、伯の平常好んで着たのは健児服であった。幹部服は団員を率いて高貴の御前に出る場合などに着るに過ぎなかった。

「健児服」の方を好むのが、後藤新平らしいことである。実際、後藤はこの「健児服」の方が似合うのである。「幹部服」の人ではない。この「健児服」姿の後藤新平は、上野の西郷隆盛像（高村光雲作）を連想させる。この西郷像も、愛犬を連れ、着流しで、草履履きである。鹿児島にある、陸軍大将の軍装をした西郷隆盛像より、この上野の西郷像は西郷の人柄が出ていると思う。このような人間が、「幹部服」や「陸軍大将」の軍装に身を飾る近代日本の大勢に対して、西南の役を起し、「政治の倫理化運動」を行ったのだ。

私は、七年前くらいから、千円札の肖像に後藤新平を採用すべきだと折に触れて書いてきた。そのきっかけは、「二〇二〇東京五輪」が決定したことで、東京市長にもなり、今日の東京の基盤を作った後藤を顕彰するのもいいことだと思ったからである。千円札が、後藤ならば、一万円札は、西郷隆盛がいいのではないか。五千円札は、新渡戸稲造だったことがあるので、札幌農学校の同期生、内村鑑三がいいであろう。二〇二四年度上半期を目途に、一万円札は、渋沢栄一、五千円札は、津田梅子、千円札は、北里柴三郎に変わることが決まったが、次の変更のときは、西郷隆盛、内村鑑三、後藤新平になるべきだと思う。この顔ぶれになったとき、日本が、後藤新平のいう「道徳国家」に向かって歩んでいく意志を持っていることが示されるからだ。

五 「大中至正、中庸の道」

普通選挙の実施に向けて有権者の自治的自覚を訴えるべくなされた、この百年前の警世の講演も、ついにその後の日本の運命を変えることは出来なかった。だから、「政治の倫理化運動」など、現在も無駄だなどといってはならない。今日の政治家の多くは、政治は倫理なんかと関係ないさ、政治は権力なのだと嘯いていであろう。このような後藤のいわゆる「政治営業人の輩」が日本の政界に跋扈しているようであれば、それこそがまさに「最大級の国難」なのである。

この後藤の講演から、その「やむにやまれぬ大和魂の意気」を受け継がなくてはならない。後藤の「絶叫」を聞きとらなくてはならないのである。そして、当時の聴衆と同じく「拍手」をしなくてはならない。

しからば謂うところの倫理化はいかにして実績を挙げんとするかを問わることでありましょうが、それについては少し述べてみたい。およそ人間の大事業を成すには自から年齢の制限がある。いかに強健の人であっても年齢の影響を被らないものはない。私はこれを肉体的にばかりいうのではない。精神的の意味からも申したいのである。歴史上から考証しても、大事業を成した人は大抵二十代から三十代の人である。今日日本を救う真男子は私のような六十九翁でなくて、二十、三十の壮者でなければならぬ。私は世間無名の青年のために彼らをして驥足を伸ばしむる新時代を作り出そうと欲するものである。私のごときはほんの一己の露払い道開きに過ぎぬのであります。真の日本の建設者は私らの仆れた後屍を乗り越えて進む無名の青年たちであることを信じて今日の青年の奮起を絶叫しているのであります（拍手）。

この「世間無名の青年たち」の中には、マルクス主義に共感している青年もいたかも知れないし、北一輝や大川周明の思想に心酔している青年もいたかもしれない。後藤は、次のような日本の針路を提示しているが、これは今日の日本においても聴くべき見識であろう。

日本古来の伝統を尊重する方々は、偏狭固陋なるショウヴィニズムに陥り易く、近代世界の進歩を謳歌する人々は、浅薄なる唯物史観に囚われる者が多く、彼此相率いて今日の日本の思想界に忌むべき弊害を醸しているではありませぬか。物質主義に偏重するの結果として、上下（しょうか）交々（こもごも）利を争うて国危うしと云うまでに至りたるに非ざるかと思うのであります（拍手）。この間におる私はもとより左傾でもなければ右傾でもない。すなわち左傾を不可とすると同時に、右傾もまた宜しくないとするのである。唯々大中至正、中庸の道を行くことを可とするものであります。

この後藤新平の「大中至正、中庸の道」は、今日の世界のように、「分断」が激しいものとなり、さらに新型コロナウイルス禍によって「格差」が拡大していっている時代には、嘗てない説得力をもって迫って来るのではないか。

新保祐司（しんぽ・ゆうじ）

一九五三年生。東京大学文学部仏文科卒業。文芸批評家。

著書に、『内村鑑三』（一九九〇年／文春学藝ライブラリー、二〇一七年）『文藝評論』（一九九一年）『批評の測鉛』（一九九二年）『日本思想史骨』（一九九四年）『正統の垂直線――透谷・鑑三・近代』（一九九七年）『批評の時』（二〇〇一年）『信時潔』（二〇〇五年）〔以上、構想社〕、『島木健作――義に飢ゑ渇く者』（リブロポート、一九九〇年）、『異形の明治』（二〇一四年）『「海道東征」への道』（二〇一八年）『詩情のスケッチ』（二〇一九年）『ベートーヴェン　一曲一生』（二〇二〇年）〔以上、藤原書店〕、『明治頌歌――言葉による交響曲』（展転社、二〇一七年）がある。二〇〇七年、第8回正論新風賞、二〇一七年、第33回正論大賞を受賞。

日本の出来事	世界の出来事
2 青森県車力村で小作争議が激化し警官隊と衝突する。 3 茨城県新治郡石岡町（現・石岡市）で石岡大火が発生。 4 五官立大学（東京工業大学・大阪工業大学・東京文理科大学・広島文理科大学・神戸商業大学）発足。	1［露］スターリンがトロツキーを国外追放。 2［伊］ラテラノ条約調印。［米］聖バレンタインデーの虐殺。 3［米］ハーバート・フーヴァー大統領就任式。 5［独］ベルリンで血のメーデー事件。

［凡例］

［米］アメリカ合衆国、［英］＝イギリス、［独］＝ドイツ、［仏］＝フランス、［伊］＝イタリア、［露］＝ロシア・ソビエト、［墺］＝オーストリア・ハンガリー帝国、［蘭］＝オランダ、［希］＝ギリシャ、［瑞］＝スイス、［中］＝中国、中華民国、［印］＝インド、その他は国名標記

参考文献：『近代日本総合年表　第三版』（岩波書店、1991年）、御厨貴編『後藤新平大全』（藤原書店、2007年）、亀井高孝・三上次男『世界史年表・地図』（吉川弘文館、2018年）

年	後藤新平の動き
1929 （昭4） 71歳	1 国民に対する遺言として、電力、保険、酒精含有飲料の三大国営案を手記して、斎藤實らに託す。田中首相を訪い、市政浄化について進言する。 3 市政浄化について放送。 4 3日少年団の守護神奉斎会ならびに陞爵祝賀会に臨む。この夜、後藤が会長の日本性病予防協会講演のため岡山に向けて東京駅発西下する。4日米原付近の列車中で三回目の脳溢血発病。京都に下車して府立病院に入る。発病は直ちに各新聞に大きく報道。見舞客、電報、手紙が殺到する。本人は発言能力と手足の自由を喪失。このころから容態再び悪化。12日 夜危篤状態に陥る。**13日 午前5時30分、薨ずる。享年**72。特旨をもって正二位に叙せられる。午後1時に納棺式，法号を「天真院殿祥山棲霞大居士」に。在洛の親戚知人の焼香。午後8時20分，霊柩病院を離れる。多数の町の人々が脱帽敬礼して見送る。午後9時54分、霊柩京都駅を発す。14日午前9時20分霊柩東京駅に着。15日勅使海江田侍従の御差遣あり、幣帛、祭粢料、生花を下賜され、さらに優渥なる御沙汰を賜る。皇后陛下、皇太后陛下ならびに各宮家よりそれぞれの御使遣わされ弔問あり。16日青山斎場で葬儀を執行。勅使、皇后宮御使、皇太后御使、各宮家御使の参列あり。青山墓地に和子夫人と相並んで埋葬される。

日本の出来事	世界の出来事
1 大相撲ラジオ実況放送開始。	1［露］モスクワでトロツキーが逮捕される。
2 **第16回衆議院議員総選挙（最初の普通選挙）。**	2［瑞］第2回冬季オリンピックがサンモリッツで開催される。
3 台北帝国大学官制公布。	3［米］セント・フランシスダムで事故発生､600人死亡。
4 **第55回特別議会召集。**	4［希］コリントで大地震発生、建物20万棟が倒壊した。
5 日本軍が山東省済南で国民政府軍と衝突。	5［米］ニューヨークで、最初のテレビ定期放送開始。
6 緊急勅令で治安維持法改正公布施行（死刑・無期刑を追加）。	6［米］アメリア・エアハートが、女性初の大西洋横断飛行に成功。［中］張作霖爆殺事件（満洲某重大事件）発生。
7 全府県警察部に特別高等警察設置。	7［英］イギリスで、女性参政権を認める法律施行。［蘭］第9回夏季オリンピックがアムステルダムで開催。
8 パリ不戦条約の「人民の名に於て」の字句が政治問題化。	8 パリ不戦条約調印（日本を含む15か国が署名）。
9 大礼記念京都博覧会開催。	9［米］フロリダ州をオキーチョビー・ハリケーンが襲撃、少なくとも2500人以上が死亡。
	10［中］蔣介石が国民政府首席に就任。
11 ラジオ体操放送開始。 昭和天皇の即位の礼挙行、大嘗祭挙行。	11［米］共和党のハーバート・フーバーが大差で大統領選に当選。
12 第56回帝国議会召集。	

年	後藤新平の動き
1928 (昭3) 70-71 歳	1 党書記長スターリンと会談。カラハンと会談。沿海州拓殖計画に対する折衝。人民委員会議長ルイコフと会談。スターリンと第二回会談。カラハンと会談。チチェリンと会談。帰国のためモスクワ出発間際に、日本政府、及びオムスクでカラハンより漁業協約調印の電報に接する。 2 門司に入港、東京に帰着する。朝日新聞と日露協会との共同主催による帰朝講演会を朝日講堂で開く。田中首相に帰朝の挨拶と報告をする。参内して訪露の顛末を奏上する。朝日新聞と日露協会との共同主催による帰朝講演会を朝日講堂で開く。**総選挙をもって普選準備会の仕事に一段落を感じ、同会解散の声明書を発し実行。** 4 麻布盛岡町の高松宮御用地にて、初めて少年団守護神道臣命の奉斎式。この日を少年団の記念日として毎年奉斎を申し合わす。 5 市政会館の定礎式が行われる。 6 郷里水沢に赴く。水沢の各神社寺院に参拝し、親戚故旧を招待する。 7 夜中、牧野内府を訪問して張作霖爆死について交談する。田中首相を訪い張作霖爆死の真相を聞く。首相との会談の結果を牧野内府に報告する。 8 床次竹二郎と会見する。そのため新党樹立の風説が飛ぶ。 11 京都にて天皇即位式に参列。伯爵となり、金杯一個を賜う。 12 帝国ホテルで独大使ゾルフの送別会があり出席する。その席上、ハンブルグ大学名誉法学博士の称号を贈られる。日本少年団総長として加盟健児八万の代表四千人を率いて、築地海軍大学校付属地において天皇の御親閲を賜う。

日本の出来事	世界の出来事
1 日本水平社結成。政友会、政友本党、内閣不信任案を提出も憲政会との三党合意で解散は回避される。	1〔中〕汪兆名による武漢政府成立。
2 大正天皇の大喪の礼。	
3 北丹後地震発生。	3［中］孫文死去、以後蔣介石が中国国民党の指導者になり、国民革命軍を率いて南京入城。
4 第六十五銀行休業、株式相場大暴落、全国で銀行取付けが激化。第1次若槻内閣総辞職、田中義一内閣成立。	4［英］イギリスが現在の国号（グレートブリテンおよび北アイルランド連合王国）に変更。［中］国共分裂。
5 **第53回帝国議会（金融恐慌対策として臨時召集）**。第一次山東出兵。	5 ジュネーブ国際経済会議開催（52ヶ国参加）。［米］チャールズ・リンドバーグが大西洋の単独無着陸飛行に成功。ヒジャーズ王国（後のサウジアラビア）が英国より独立。
6 **立憲民政党結成（憲政会と政友本党が合同）**。	6 日米英3ヶ国がジュネーブ海軍軍縮会議を開催。［英］労働組合法成立。
7 岩波文庫創刊。芥川龍之介が自殺。	7［墺］ウィーンでゼネラルストライキ発生。インドネシアでスカルノらがインドネシア国民同盟を結成。
	8［中］中共軍が南昌で蜂起（南昌起義）。
9 宝塚少女歌劇レビュー初演。	
	10［中］南京政府が北京政府討伐を発令。
11 来日中の蔣介石が田中首相と会談。	11［露］トロツキーらがソビエト連邦共産党から除名される。
12 **第54回帝国議会召集**。	12［中］広州コミューン発生。

年	後藤新平の動き
1927 (昭2) 69-70歳	3 国際連盟事務局次長任期終了で帰国した新渡戸稲造のために、徳富蘇峰夫妻、牧野伸顕、阪谷芳郎を自邸に招いて晩餐会を催す。 4 日独文化の協調および相互普及を図る「日独文化協会」が財団法人の許可を受ける。ベルリンの「日本協会」に呼応し、後藤を軸とする有志の運動が、政府からの補助金を得てようやく実る。**16日に青山会館において政治の倫理化運動一周年大講演会を開く。同じ壇上より新渡戸稲造、澤柳政太郎、永田秀次郎が演説（この日の後藤新平の講演は本書に収録）**。 6 田中首相を訪い、一書を呈して対中外交の重要性を警告する。日独文化協会、役員を依嘱し形式を整え、後藤を会長として発会式を挙げる。北陸講演旅行に出る。 7 天皇の意により、赤坂離宮広芝御茶屋で震災内閣親任式当時の記念撮影。 8 **第二回目の脳溢血に襲われる。前回より症状が重い。その後，佐野彪太によって，週2回の検尿や検診を受けることに**。警視総監から日比谷公園内規定の場所に、東京市政調査会館と公会堂建設の認可証が下付される。 10 久原房之助邸において田中首相と会見し、訪露に関して談合する。明倫大学設立に関して、地元有志より敷地30万坪提供の調印書を持参し来る。なお訪露中の体調危機発生を懸念し、設立の志を貫くための遺産処分の遺言状をつくる（その後設立計画は頓挫、予定地はやがて海軍の手に渡り、現在は厚木航空基地の一部）。 11「金剛精舎の記」成る。久邇宮殿下より招待され御餐を賜わる。 12 ロシア訪問の途に上る。**政教社より著書『道徳国家と政治倫理』刊行**。レーニンの墓参。ヨッフェの墓参。外務人民委員チチェリンおよびカラハンらと会商。中央執行委員会議長カリーニンと会談。レーニン研究所およびレーニン図書館参観。『大阪朝日新聞』にヨッフェ墓参の記事掲載。国民裁判所および刑務所視察。レーニン研究所およびレーニン図書館参観。他多数の行事を精力的にこなす。

日本の出来事	世界の出来事
1 北京で日露条約成立。加藤高明首相死去。第一次若槻禮次郎内閣成立。	1 [中]広東で国民党2全大会、汪兆銘、蒋介石らが実験を握る。[英]テレビジョン送受信の公開実験に成功。
2 建国会赤尾敏ら第一回建国祭。福本和夫が山川均の方向転換論を批判。松島遊郭疑獄事件発覚。	
3 **第51回帝国議会終了。**	3 [中]北京で反軍閥デモ。[米]ロバート・ゴダードが最初の液体燃料ロケットを発射。
	4 [独][露]独ソ友好中立条約（ベルリン条約）調印。
	5 [英]炭鉱ストライキ。五月革命。
6 福本和夫が個人雑誌『マルキシズムの旗の下に』創刊。	6 ブラジルが国際連盟を脱退。
7 シュペングラー『西洋の没落』邦訳刊行。	7 [中]蒋介石が国民革命軍総司令に就任。北伐が始まる。
8 同潤会が向島に中之郷アパートを完成。	
9 廃娼運動に反対する全国貸座敷業連合が郭清会・矯風会を威嚇。	9 [独]国際連盟に加入、常任理事国となる。
	10 [英]英帝国会議開催。
	11 [中]国民政府が武漢遷都を決定。[米]NBCがラジオ・ネットワーク放送開始。
12 **大正天皇崩御。第52回帝国議会召集。**	12 [中]張作霖が天津で安国軍総司令に就任。

年	後藤新平の動き
1926（大15／昭和元）68-69歳	1「内憂外患の諸相を直視せよ」を東亜同志会から刊行する。この日、少年団総裁として挨拶を放送する。自著『公民読本』三巻を発行する。古稀に際し、御紋章付き銀杯ならびに酒肴料を下賜される。所沢飛行場で患者輸送機を見学する。 **2 第一回目の脳溢血に罹り臥床する。病床に鶴見祐輔を招き、「新政治運動」の決意を告げる。** 3 入江達吉、森孝三、駐日ドイツ大使ゾルフらと共に，有名無実と化していた日独協会の復興を図る。 **4 政治の倫理化運動を開始、事務所を日露協会内に置く。『東京朝日新聞』が冒頭3段抜きの記事で後藤の新政治運動を発表。田中義一（政友会）、若槻礼次郎（憲政会）、床次竹二郎（政友本党）の三党総裁を訪問し、政治の倫理化運動開始の諒解を求める。青山会館において政治の倫理化運動の第一声を挙げる。以来、普選準備のために全国を遊説する。** **5 上野を発して東北、北海道遊説。関西を振り出しに、各地を遊説。** **6 大阪、名古屋、信越地方遊説の旅に。** **7 東北遊説に赴く。普選準備会の綱領会則を発表。**唐沢山夏期大学に臨み講演する。東京、大阪、名古屋など各地の放送局を合同し、社団法人日本放送協会（現ＮＨＫ）が設立（この組織改正時に後藤は総裁を辞す。その後昭和11年まで空位）。木崎湖畔の夏期大学に臨む。 **9 京都、山陰、九州へ遊説に出発。小冊子『政治の倫理化』を大日本雄弁会講談社より発行（本書の底本）。以後127万部を売り上げ、日本初のミリオンセラーとなる。** 10 朝野の名士約300名、ドイツ人約80名を加え日独協会を再生し、会頭となり、久邇宮殿下を総裁に戴く。同月，電気普及会（創立時より会長は後藤）を社団法人に組織化する。 **11-30 政友会と政友本党の提携につき斡旋する。** **12- 田中（政友会）、床次（政友本党）両党総裁を会見させ、自ら立会う。その結果、両党の提携が成る。25日大正天皇崩御、昭和天皇が践祚して、昭和に改元される。**

日本の出来事	世界の出来事
1 清浦奎吾内閣成立。 3 日本共産党が解党を決議。日仏会館設立。 5 北京で吉沢・カラハン日ソ交渉始まる。 6 清浦内閣総辞職、加藤高明内閣成立。 7 駐米特命全権大使埴原正直、政府の命により帰国。 8 復興局に疑獄事件。 9 外務省が中国内政への不干渉と満蒙の利権擁護を発表。 11 孫文が神戸市で大アジア主義講演。	1 [露]レーニン死す、[英]マクドナルド内閣成立（初の労働党内閣）。 2 [英][伊]ソビエト政権を承認。 4 [伊]総選挙でファシスト党が勝利。[米]排日移民法（ジョンソン＝リード法）可決。 5 パリオリンピック開幕。 7 [米]排日移民法（ジョンソン＝リード法）施行。 8 [独]賠償問題に関するドーズ案成立。 9 [中]孫文が第二次北伐開始を宣言。 11 [中]奉直戦争で張作霖が直隷派を破る。[蒙]モンゴル人民共和国成立。 12 [中]孫文が天津で張作霖と会見。
1 日ソ基本条約に調印（国交回復）。佐野学ら上海で1月テーゼを作成、日本共産党再組織を決定。 3 **東京放送局が試験放送。普選案上程可決。治安維持法議会を通過。** 5 **衆議院議員選挙法改正公布（男子普通選挙権）。** 6 中国の5・30事件に対応して陸戦隊を上陸させる。 7 東京帝大安田講堂竣工式。 8 第二次加藤内閣成立。 9 帝国議事堂が全焼。 10 第一回簡易国勢調査。 12 ソ連と北樺太石油石炭利権協定に調印。**第51回帝国議会召集。**	1 [伊]ベニート・ムッソリーニが独裁宣言。 2 [英]ツタンカーメンの王墓を発見。 3 [中]孫文が北京で病死。 4 [中]青島の日系紡績工場でストライキ。[英]金本位制に復帰。 5 [中]中華全国総工会設立。 7 [中]広東政府が中華民国国民政府に改組。 8 [米]クー・クラックス・クラン第1回全国大会を開催。 10 [中]故宮博物院の開設。 11 [露]共産党中央委員会がトロツキーとジノビエフを政治局から追放。[独]ナチス親衛隊設立。 12 [露]第14回共産党大会。ロカルノ条約調印。

年	後藤新平の動き
1924 (大13) 66-67歳	1 内務大臣ならびに復興院総裁を免ぜられる、下野。 2 **盛岡市で「政治闘争の倫理化」を講演。** 3 **東北帝大で「国難来」を講演。** 4 家庭電気普及会が創立され、会長となる。各地に支部を置き、講演会、講習会展覧会などを全国的に開催。 6 パンフレット「時局に関し訪者の質疑に答う」を刊行。 8 猪苗代湖畔にて少年団がキャンプ生活中、秩父宮殿下が訪問。後藤らと晩餐、天幕内に一泊。翌朝磐梯山登山にお供。 9 上野自治会館における震災復興記念講演会で「自治精神」と題して講演する。この日、フォン・ブラウエルの『ビスマルク公外交機略』を刊行する。ポール・クローデルを自邸に招待。 10 社団法人東京放送局初代総裁に就任。**芝増上寺において新政会講習会員のために「政治の倫理化」を講演する。** 11 上野池之端無線電話普及展覧会で初の放送演説。
1925 (大14) 67-68歳	3 姉初勢没す(享年80)。満鮮巡遊の旅に出る。東京放送局仮放送に際し、挨拶を放送する。東京発、満鮮の旅に上る。同伴者は三島通陽、田中清次郎、佐藤安之助、安場保健。 4 奉天で張作霖と会見。**早稲田大学で「普選と明日の政治」を講演。** 5 加藤高明首相と極東開発企業について談合。大正12年末に申請した市政会館と公会堂の建築敷地指定、建築許可、ようやく条件付にて認可。 7 加藤首相に極東拓殖会社創立を意見。東京放送局でラジオ放送を開始、初代総裁として挨拶を放送。駐日ドイツ大使ゾルフ博士を新邸最初の正客として招待する。 8 少年団連盟のため、北陸、中国、四国、九州方面へ講演旅行。少年団連盟のため北陸、中国、四国、九州方面へ講演の旅に出る。小五郎(河﨑)生まれる。 10 東京市政会館と公会堂の建築基礎工事に着手。 11 東京放送局で最近のわが国の少年団について放送演説。 12 万国キリスト教青年会理事モット博士が来朝、自邸に旅装を解かせる。自邸でモット博士を正賓として晩餐会を開催。

後藤新平
日本・世界比較史年表
（1924–29）

著者紹介

後藤新平（ごとう・しんぺい／1857-1929）

1857年、水沢（現岩手県奥州市）の武家に生まれ、藩校をへて福島の須賀川医学校卒。1880年（明13）、弱冠23歳で愛知病院長兼愛知医学校長に。板垣退助の岐阜遭難事件に駆けつけ名を馳せる。83年内務省衛生局に。90年春ドイツ留学。帰国後衛生局長。相馬事件に連座し衛生局を辞す。日清戦争帰還兵の検疫に手腕を発揮し、衛生局長に復す。98年、児玉源太郎総督の下、台湾民政局長（後に民政長官）に。台湾近代化に努める。1906年9月、初代満鉄総裁に就任、満鉄調査部を作り満洲経営の基礎を築く。08年夏より第2次・第3次桂太郎内閣の逓相。その後鉄道院総裁・拓殖局副総裁を兼ねた。16年秋、寺内内閣の内相、18年春外相に。20年暮東京市長となり、腐敗した市政の刷新、市民による自治の推進、東京の近代化を図る「八億円計画」を提唱。22年秋アメリカの歴史家ビーアドを招く。23年春、ソ連極東代表のヨッフェを私的に招き、日ソ国交回復に尽力する。23年の関東大震災直後、第二次山本権兵衛内閣の内相兼帝都復興院総裁となり、再びビーアドを緊急招聘、大規模な復興計画を立案。政界引退後は、東京放送局（現NHK）初代総裁、少年団（ボーイスカウト）総長を歴任、「政治の倫理化」を訴え、全国を遊説した。1929年遊説途上、京都で死去。

政治の倫理化（せいじ　りんりか）

2021年3月31日　初版第1刷発行 ©

編　者　後藤新平研究会
著　者　後藤新平
発行者　藤原良雄
発行所　株式会社 藤原書店

〒162-0041　東京都新宿区早稲田鶴巻町523
電　話　03（5272）0301
FAX　03（5272）0450
振　替　00160‐4‐17013
info@fujiwara-shoten.co.jp

印刷・製本　中央精版印刷

落丁本・乱丁本はお取替えいたします
定価はカバーに表示してあります

Printed in Japan
ISBN978-4-86578-308-7

「後藤新平の全仕事」を網羅！

『〈決定版〉正伝 後藤新平』別巻

後藤新平大全

御厨貴編

巻頭言 **鶴見俊輔**
序 **御厨貴**

1 後藤新平の全仕事（小史／全仕事）
2 後藤新平年譜 1850–2007
3 後藤新平の全著作・関連文献一覧
4 主要関連人物紹介
5 『正伝 後藤新平』全人名索引
6 地図
7 資料

A5上製 二八八頁 **四八〇〇円**
（二〇〇七年六月刊）
◇978-4-89434-575-1

今、なぜ後藤新平か？

時代の先覚者・後藤新平
〈1857–1929〉

御厨貴編

その業績と人脈の全体像を、四十人の気鋭の執筆者が解き明かす。

鶴見俊輔＋青山佾＋粕谷一希＋御厨貴／鶴見和子／苅部直／中見立夫／原田勝正／新村拓／笠原英彦／小林道彦／角本良平／佐藤卓己／鎌田慧／佐野眞一／川田稔／五百旗頭薫／中島純ほか

A5並製 三〇四頁 **三二〇〇円**
（二〇〇四年一〇月刊）
◇978-4-89434-407-5

後藤新平の"仕事"の全て

後藤新平の「仕事」

藤原書店編集部編

郵便ポストはなぜ赤い？ 新幹線の生みの親は誰？ 環七、環八の道路は誰が引いた？ 日本人女性の寿命を延ばしたのは誰？――公衆衛生、鉄道、郵便、放送、都市計画などの内政から、国境を越える発想に基づく外交政策まで「自治」と「公共」に裏付けられたその業績を明快に示す！

写真多数 ［附］小伝 後藤新平

A5並製 二〇八頁 **一八〇〇円**
（二〇〇七年五月刊）
◇978-4-89434-572-0

なぜ「平成の後藤新平」が求められているのか？

震災復興 後藤新平の120日
〈都市は市民がつくるもの〉

後藤新平研究会＝編著

大地震翌日、内務大臣を引き受けた後藤は、その二日後「帝都復興の議」を立案する。わずか一二〇日で、現在の首都・東京や横浜の原型をどうして作り上げることが出来たか？ 豊富な史料により「復興」への道筋を丹念に跡づけた決定版ドキュメント。

図版・資料多数収録

A5並製 二五六頁 **一九〇〇円**
（二〇一一年七月刊）
◇978-4-89434-811-0